पहलवान साहेब
(1899-1944)

(भागवत राय एक नैष्ठिक, अश्रव्य, अनावर्त के अभेद्य कीर्तिमान)

लेखक
मनोज कुमार राय

प्रभाकर प्रकाशन

ISBN: 978-93-90605-06-4
eISBN: 978-93-90605-07-1

प्रकाशकः प्रभाकर प्रकाशन
प्लॉट नं.-55, मेन मदर डेयरी रोड
पांडव नगर, ईस्ट दिल्ली-110092
फोनः 011-40395855
व्हाट्स ऐपः +91 8447931000
ई-मेलः Sales@pharosbooks.in
वेबसाइटः www.pharosbooks.in
संस्करणः 2021
कवर डिज़ाइनः वीरेन्द्र सिंह भंडारी
इनर डिज़ाइनः सुरेन्द्र कुमार

पहलवान साहेब (1899-1944)
लेखकः मनोज कुमार राय

सविनय समर्पण

अपने गुरु परम् पूज्य स्वामी गिरीशानंद सरस्वती जी को सादर समर्पित

गुरुर्ब्रह्मा गुरुर्विष्णुः गुरुर्देवो महेश्वरः।
गुरुः साक्षात परब्रह्म तस्मै श्री गुरवे नमः॥

Amitabh Bachchan

विचारों और सोच की स्वतंत्रता होने से ही सही मायने में स्वतंत्र होना है। जो इंसान अपनी सोच से स्वतंत्र नहीं है, वो चाहे जंजीर में न भी जकड़ा हो, फिर भी एक बंधुआ मजदूर की तरह ही होता है।

स्वर्ण पदक सिर्फ सोने से नहीं बनता परन्तु उसके पीछे मेहनत, हिम्मत, आत्मविश्वास और धैर्य का बहुत बड़ा योगदान होता है। जो लोग कठिन से कठिन परिस्थिति का सामना कर आगे बढ़ने का हौसला रखते हैं, वही अपनी मंजिल तक पहुंच पाते हैं और न सिर्फ अपने लिए बल्कि दूसरों के लिए भी एक मिसाल बनते हैं, और उन्हें प्रेरित करते हैं ताकि वो भी नई मंजिल तय कर सकें।

भागवत राय जी एक ऐसे ही इंसान थे। उनके व्यक्तित्व में महान विचार थे और वो विचार ही उनकी ताकत और फुर्ती को दर्शाते थे। वो अपने समय के उच्चतम बलवान पुरुष के रूप में जाने जाते थे और एक पहलवान होने के नाते ना सिर्फ शरीर के बल, बल्कि मानसिक दृढ़ता के भी प्रतीक थे।

अपनी अलग सोच, लगन और त्याग के द्वारा उन्होंने भारत को एक आजाद देश बनाने और उसकी स्वतंत्रता की लड़ाई में भी योगदान दिया है।

आज उनकी 121वीं जयंती पर, इस किताब के द्वारा उनकी धरोहर को आने वाली पीढ़ियाँ कई समय तक उनकी जीवनी का अध्ययन करके उससे एक सीख ले सकेंगी।

भागवत राय जी हमेशा से एक प्रेरणा स्रोत हैं और रहेंगे। इस देश की मिट्टी के वो सही मायने में एक होनहार सुपुत्र हैं।

अमिताभ बच्चन

संदेश

भारत के शूरवीर स्वतंत्रता सेनानियों में एक नाम **'स्वर्गीय भागवत राय'** का भी है, जिनके बारे में पढ़ने का अवसर हर देशवासी को प्राप्त होना चाहिए। अपनी इस पुस्तक **"पहलवान साहेब"** के माध्यम से, लेखक मनोज कुमार राय जी ने प्रसिद्ध पहलवान स्व. भागवत राय जी की चुनौतियों, संघर्षों, उपलब्धियों और प्राणायाम द्वारा प्राप्त शक्तियों का विस्तार से वर्णन किया है।

उनके जीवन के हर पड़ाव में उनकी पहलवानी से लेकर उनकी सर्कस कम्पनी की शुरुआत तक, उनके बचपन से लेकर उनके अधूरे सपनों तक की हर छोटी-बड़ी बात को खूबसूरती से दर्शाया है। मैं, मनोज जी को उनकी इस पुस्तक के लिए ढेरों शुभकामनाएं देती हूँ। मुझे पूरी उम्मीद है कि ऐसी प्रेरित करने वाली कहानी हर एक पाठक के मन में घर कर जाएगी।

नमस्ते

Shilpa Shetty

शिल्पा शेट्टी कुंद्रा

॥ विषय-सूची ॥

दो शब्द

हमारी पारिस्थितिकी (Eco system) में मनुष्य, जीव-जंतु एवं पेड़-पौधे सबका अलग-अलग महत्त्व है। पौराणिक मान्यताओं के अनुसार चौरासी लाख योनियों का जिक्र मिलता है। विज्ञान कहता है कि इन सभी जीवधारियों के जीवन यापन के लिए प्रकृति में सब कुछ उपलब्ध है। इसी प्रकार खाद्य शृंखला चलती है जिसको विज्ञान की भाषा में 'फूड चेन' कहा जाता है जो निरंतर चलती रहती है, जिससे एक दूसरे के ऊपर परस्पर निर्भरता बनी रहती है।

पृथ्वी पर सबसे होशियार प्राणी मनुष्य है। जिसने अपने विकास-क्रम में बहुत सारे अनुसंधान करके अपने आप को स्थापित किया है और धरती के सारे सुखों पर अपना अधिकार स्थापित किया हुआ है।

विकास और अपने सुख की बढ़ोतरी के लिए उसने प्राकृतिक संसाधनों का बहुत दोहन भी किया है जिसका दुष्परिणाम यह हुआ कि प्रकृति आज रुष्ट हो गई है और समय-समय पर अपने रौद्र रूप का प्रदर्शन करती रहती है। प्राकृतिक आपदाएं इसी का दुष्परिणाम हैं। लगातार विकास के बावजूद आज लोग पहले की अपेक्षा ज़्यादा अस्वस्थ हो रहे हैं। आजकल कई खतरनाक बीमारियाँ युवाओं में देखने को मिलती हैं। यहाँ तक कि छोटे-छोटे बच्चे भी इन खतरनाक बीमारियों की गिरफ्त में आने लगे हैं जिससे बहुत सारे लोग हमारे बीच से असमय ही काल का शिकार हो रहे हैं।

इसके दुष्परिणाम और स्वास्थ्य के महत्त्व को समझते हुए हमारे दूरदर्शी प्रधानमंत्री आदरणीय नरेंद्र मोदी जी ने "फिट इंडिया" नामक एक अभियान चलाया है। उनके इस महत्त्वपूर्ण कदम को भारत सरकार के कई मंत्रालय बहुत प्रोत्साहित कर रहे हैं। इस "फिट इंडिया" मूवमेंट को समझने के लिए हमें अपनी गौरवशाली परम्परा में एकबार झांककर देखना होगा। महज सौ साल पीछे मुड़ कर

देखने से "फिट" होने का उत्कृष्ट उदाहरण हमें भागवत राय जैसे महाबलशाली व्यक्तित्व में दिखाई पड़ता है। जिन्होंने अपने प्राणायाम, ध्यान एवं शारीरिक श्रम के बल पर हाथी जैसे जानवर को अपने सीने पर चढ़ाने और उसी अवस्था में बोलने का कीर्तिमान स्थापित किया। यह कीर्तिमान आज तक उन्हीं के नाम है।

इस परिप्रेक्ष्य में ऐसे महामानव की गाथा ज़्यादा से ज़्यादा प्रचारित और प्रसारित होनी चाहिए जिससे लोगों को प्रेरणा मिल सके और एक बार फिर ये इतिहास दोहराया जा सके। यहाँ भागवत राय जी का एक संक्षिप्त परिचय पाठकों के सामने रख रहा हूँ जो कुछ इस प्रकार है-

भागवत राय (पहलवान साहेब)

1. नाम - भागवत राय
2. पिता- दक्षिणी राय
3. जन्म- 28 जुलाई, 1899
4. मृत्यु- 15 मई, 1944
5. पत्नी- कुँवरी मुलाल
6. लम्बाई- 184 से. मी.
7. सीना- 48 इंच
8. जंघा- 27 इंच
9. भुजाएं- 16.5 इंच
10. वजन- 120 किलोग्राम

उपाधियाँ एवं सम्मान

यद्यपि स्व. प्रो. भागवत राय जी के व्यक्तित्व और कृतित्व को किसी उपाधि या सम्मान में बांधना उनके व्यक्तित्व और कृतित्व के साथ नाइंसाफी होगी क्योंकि वह एक दैवीय शक्ति का रूप थे और दैवीय शक्तियों को कभी भी बाँधा नहीं जा सकता। वह इन सब चीजों से ऊपर रहे तथा अपने को एक स्टेज शो (प्रदर्शन) की सामग्री कभी नहीं बनने दिया। ये बातें उनका इतिहास पढ़ने से पता चलती हैं, फिर भी युगधर्म के अनुरूप कुछ लोगों ने अपने आप ही उनको निम्न उपाधियों से विभूषित किया। यहां एक बात जो कनक या स्वर्ण या सोना के लिए कही गई है, पूर्ण रूप से चरितार्थ होती है-

“सोना कब कहे लाख टका मोरा मोल”

यह तो जौहरी ही जानता है, सोना चाहे मिट्टी में दबा हो या मिट्टी के बाहर हो, उसका मूल्य हमेशा एक ही रहता है। वह तो जिसके ऊपर चढ़ता है, वही फबता है। सोने का मूल्य तो हमेशा वही रहता है। वही बात यहां चरितार्थ हो रही है कि जिनका नाम उन से जुड़ता है, उसका मूल्य बढ़ता है क्योंकि वो तो वही के वही है।

जैसा ऊपर वर्णित है, यहां युग धर्म के अनुरूप कुछ उपाधियां उनके नाम हैं जो अपने आप में उनके बारे में सब कुछ बयान कर देती हैं:

1. अपने समय के हनुमान- अंग्रेज कलेक्टर, गाजीपुर, 1921
2. इंडियन भीम- आजमगढ़ के मशहूर कलेक्टर (मेकालाऊ), 1929
3. ऐन इनिमिटेबल स्ट्रांग मैन- डॉ. एस. मजूमदार, 1942
4. काशी नरेश प्रभुनारायण सिंह, विशेष गौरव सम्मान
5. तमकुही नरेश इंद्रजीत प्रताप नारायण शाही द्वारा विशेष गौरव सम्मान
6. उन्हें अंग्रेजों द्वारा प्रोफेसर की पदवी दी गयी। यह उन लोगों को दी जाती थी जो अपने फन (प्रोफेशन/व्यवसाय) में माहिर होते थे। जैसे दक्षिण भारत के पहलवान राम मूर्ति नायडू को भी प्रोफेसर की पदवी दी गयी थी।

हमें आशा है कि इस पुस्तक में समाविष्ट सैद्धांतिक और व्यावहारिक पक्षों पर ध्यान देने से आप जीवन की सभी अवस्थाओं में सकारात्मक रहेंगे और जीवन को आनंदमय बनाने के लिए सदैव प्रयास रत रहेंगे।

शुभकामनाओं सहित

मनोज कुमार राय

26/10/2020 (विजयादशमी)

I-1001 हैदराबाद स्टेट

मालाबार हिल, मुंबई-06

भूमिका

बात अक्टूबर 2019 की है, भारत के प्रसिद्ध उद्योगपति तथा भारत के धन और उद्योग के पर्याय टाटा और बिड़ला परिवार में से एक, बिड़ला परिवार के 'आदित्य बिड़ला ग्रुप' के चेयरमैन श्री कुमार मंगलम बिड़ला हमारे कार्यालय "क्षेत्रीय पासपोर्ट कार्यालय", विदेश भवन, मुंबई, में अपने पासपोर्ट को रिन्यू कराने के लिए आए। सामान्य शिष्टाचार चर्चा के दौरान कुछ समकालीन मुद्दों पर भी बात हुई। कुमार मंगलम बिड़ला स्वभाव से बहुत मधुर और धैर्यवान व्यक्ति हैं। उद्योग जगत में उनका व्यक्तित्व निर्विवाद है। यह संयोग ही था कि उस वर्ष मेरी उनसे दूसरी मुलाकात थी। उनका आज का जो औद्योगिक साम्राज्य है, उसके मुख्य शिल्पकार स्वर्गीय घनश्याम दास जी बिड़ला थे। उनके ऑफिस छोड़कर जाने के बाद मैंने घनश्याम दास जी बिड़ला की जीवनी पढ़ी जिससे यह ज्ञात हुआ कि 'पिलानी', राजस्थान में जन्मे जी. डी. बिड़ला बाबू एक सामान्य व्यवसायी परिवार से थे। प्रारम्भिक शिक्षा के बाद कोलकाता पहुंचे। अपने ससुर स्वर्गीय सोमानी से प्रेरित होकर किशोरावस्था में ही व्यवसाय में जुड़ गए और 1920 के दशक में बिड़ला ब्रदर्स नाम की एक कंपनी की स्थापना की और एक पुरानी कपड़े की मिल खरीदी और उद्योगपति के रूप में स्थापित हुए। उसके बाद उन्होंने जूट व्यवसाय में कदम रखा और आज उनका औद्योगिक साम्राज्य जगजाहिर है। उन्होंने देश की आजादी में भी अपना अमूल्य योगदान दिया।

यही वह दौर था, जब भागवत राय ने सन् 1923 में अपने चाचा स्वर्गीय देवदत्त राय की मदद से सर्कस कंपनी की स्थापना की शुरुआत की तथा सन् 1925 में सर्कस पूर्ण रूप से स्थापित हुआ और आगे की तरफ चल पड़ा। यहां ऊपर के प्रसंग की चर्चा करने के पीछे राय परिवार की आज के प्रसिद्ध औद्योगिक घराने बिड़ला परिवार से कोई तुलना करने का मकसद नहीं है, क्योंकि उसमें कोई तुलना भी नहीं है। यही वह घटना है जो लेखक को अपने दादा और परदादा

स्वर्गीय भागवत राय और स्वर्गीय देवदत्त राय के उस काल में ले जाती है और पं. द्वारिका प्रसाद माहेश्वरी जी की ये पंक्तियाँ कि महान विभूति, ऐसे अद्भुत बलवान, अदम्य साहस के प्रतीक, लाखों युवा क्रांतिकारियों के प्रेरणा स्रोत स्व० भागवत राय को उनके 121वीं जयंती पर श्रद्धांजलि के रूप में दुनिया और समाज के सामने नए रूप एवं नए कलेवर में प्रस्तुत करने के लिए प्रेरित करती हैं-

उठो, धरा के अमर सपूतो। पुनः नया निर्माण करो।
जन-जन के जीवन में फिर से, नव स्फूर्ति, नव प्राण भरो।

यद्यपि यह दुनिया बड़ी विचित्र और करतब से भरी है, यहां हर कोई अपना खेल दिखाता है। जिसका करतब कमाल का होता है, दुनिया उसे हीरो बना देती है। ऐसे ही हीरो हमारे आदर्श बन जाते हैं, मगर...हिंदुस्तान में ऐसे कई करतब-बाजों ने जन्म लिया है, जिनका नाम तो हुआ मगर उन्हें वह पहचान ना मिली, जिसके वो वास्तविक हकदार थे। हमारी इस कहानी के हीरो भी, एक ऐसे ही कमाल के करतबबाज थे, जिनका डंका ब्रिटिश शासन में उनकी क्रूरता और धोखेबाजी को चीरता हुआ पूरे भारत में बजा। उत्तर भारत में तो जैसे ताकत का दूसरा नाम ही भागवत राय हो गया था। खेल कूद में बेजोड़, जनपद एवं राज्य में हॉकी एवं फुटबॉल के अच्छे खिलाड़ी, महज़ 22 साल का नौजवान भागवत राय जहाँ हजारों हिन्दुस्तानियों के हीरो बन गये थे तो वहीं कुछ अंग्रेज़ों और उनके दलालों की आँखों की किरकिरी। एक सुखी संपन्न जमींदार परिवार का वारिस होकर भी जिसने मेहनत और मज़दूरी को गले लगाया, गरीब किसानों के कंधे से कंधा मिलाकर अपने गाँव-समाज का विकास किया और जिसने अपनी ताकत का लोहा बड़े से बड़े पहलवानों को मनवाया, वह भागवत राय (पहलवान साहेब) के नाम से जाना जाने वाला शख्स, हिन्दुस्तानी इतिहास के उस पन्ने में दफ्न हो गया जहाँ कभी भी किसी इतिहासकार ने पलट कर नहीं देखा। कहते हैं कि वर्तमान में ही इतिहास गढ़ा जाता है। लेकिन यह कैसी विडंबना है कि हमारा वर्तमान अपने धवल अतीत को पुनः गढ़ पाने के इस मामले में असहाय प्रतीत होता है। यह कौन नहीं जानता कि अमूमन इतिहास खुद को दुहराता है, भागवत राय का व्यक्तित्व और कृतित्त्व अब तक अपवाद स्वरूप है। आगे क्या होगा, भविष्य के गर्त में है, पर वर्तमान को उनकी याद सताती है। भले ही उनको गुजरे जमाने हो गए, फिर भी इतिहास खुद को दुहरा नहीं पाया। जबकि लोगबाग बेसब्री से इंतजार

कर रहे हैं किसी समतुल्य नायक का। यहाँ आप सब को भागवत नाम का असली मतलब क्या है, स्पष्ट करने की कोशिश करते हैं।

यहाँ यह विचारणीय है कि परिवार में जन्मे बालक का नाम भागवत ही क्यों रखा गया क्योंकि यह नाम बहुत ही दुर्लभ लोगों का रखा जाता या पाया जाता है। उस समय नामकरण संस्कार में राय परिवार के पुरोहित या गुरुजनों ने यही नाम क्यों रखा? ऐसा जान पड़ता है कि उनको दिव्य अनुभूति अवश्य हुई होगी। क्योंकि भागवत केवल नाम या संज्ञा मात्र नहीं है, भागवत धर्म है, जीवन जीने की कला है। आप में से बहुतों को ज्ञात होगा कि भागवत मनुष्य जीवन के चार पुरुषार्थों; धर्म, अर्थ, काम और मोक्ष में मनुष्य जीवन के परम लक्ष्य "मोक्ष" की प्राप्ति का माध्यम है। इसके माध्यम से अभिमन्यु पुत्र और भारत वर्ष के राजा परीक्षित जी को मुक्ति का मार्ग आचार्य सुखदेव जी के माध्यम से प्राप्त हुआ।

भारत वर्ष ऋषियों मुनियों का देश है। उन्होनें मानव कल्याण के लिए बहुत सारे वेद एवं पुराणों की रचना की। उन्हीं में से एक है- भागवत पुराण। जिसे भागवतम् भी कहते हैं। इसका मुख्य वर्ण्य विषय भक्ति योग है, जिसमें कृष्ण को सभी देवों का देव या स्वयं भगवान के रूप में चित्रित किया गया है। इसके अतिरिक्त इस पुराण में रस भाव की भक्ति का निरूपण भी किया गया है। परंपरागत तौर पर इस पुराण के रचयिता वेद व्यास को माना जाता है। विषयान्तर न होते हुए उसका सार एक श्लोक में रखने का प्रयास किया है-

सर्ववेदान्तसारं हि श्रीभागवतमिष्यते।
तद्रसामृततृप्तस्य नान्यत्र स्याद्रतिः क्वचित्॥

श्रीमद्भागवत सभी वेदों का सार है। उस रसामृत के पान से जो तृप्त हो गया, उसे किसी अन्य जगह पर कोई रति नहीं हो सकती। अर्थात उसे किसी अन्य वस्तु में आनन्द नहीं आ सकता। महाभारत एवं गीता की रचना के बाद कलयुग की स्थिति को देखकर महर्षि व्यास बहुत दु:खी हुए क्योंकि कलयुग के लोगों के पास इन सब ग्रंथों का अध्ययन करने के लिए समय नहीं था। तब उन्होंने मानव कल्याण के लिए श्रीमद्भागवत की रचना की। उसका संक्षेप में यहाँ वर्णन लाज़मी हो जाता है। श्रीमद्भागवत में 18 हजार श्लोक, 335 अध्याय तथा 12 स्कन्द हैं। इसके विभिन्न स्कंदों में विष्णु के लीलावतारों का वर्णन बड़ी सुकुमार भाषा में किया गया है। परंतु भगवान कृष्ण की ललित लीलाओं का विशद

विवरण प्रस्तुत करने वाला दशम स्कन्द भागवत का हृदय है। दशम स्कंद में लीलापुरुषोत्तम का चरित जितनी मधुर भाषा, कोमल पदविन्यास तथा भक्तिरस से ओत प्रोत ढंग से वर्णित है, वह अद्वितीय है।

भागवत के 12 स्कन्द निम्नलिखित हैं-

1. इसमें भक्तियोग और उससे उत्पन्न एवं उसे स्थिर रखने वाला? वैराग्य का वर्णन किया गया है।
2. ब्रह्माण्ड की उत्पत्ति एवं उसमें विराट पुरुष की स्थिति का स्वरूप।
3. उद्धव द्वारा भगवान् के बाल चरित्र का वर्णन।
4. राजर्षि ध्रुव एवं पृथु आदि का चरित्र।
5. समुद्र, पर्वत, नदी, पाताल, नरक आदि की स्थिति।
6. देवता, मनुष्य, पशु, पक्षी आदि के जन्म की कथा।
7. हिरण्यकश्यिपु, हिरण्याक्ष के साथ प्रहलाद का चरित्र।
8. गजेन्द्र मोक्ष, मन्वन्तर कथा, वामन अवतार
9. राजवंशों का विवरण, श्रीराम की कथा।
10. भगवान् श्रीकृष्ण की अनन्त लीलाएं।
11. यदु वंश का संहार।
12. विभिन्न युगों तथा प्रलयों और भगवान् के उपांगों आदि का स्वरूप।

यहाँ इन 12 पंक्तियों में पूरी श्रीमद्भागवत कथा का अति संक्षिप्त रूप में वर्णन इसलिए किया है ताकि कभी पाठकों के मन में पूरी भागवत कथा को जानने और सुनने की रुचि उत्पन्न हो तो मैं अपने आपको धन्य मानूंगा क्योंकि ईश्वर रूपी महर्षि वेदव्यास की यही इच्छा रही है।

आप इस बात से अनुमान लगा पाये होंगे कि जिस व्यक्ति का नाम ही भागवत हो, वह कितना अद्भुत और चमत्कारी होगा। आप को इस पुस्तक के माध्यम से ऐसी विलक्षण प्रतिभा के बारे में अवगत कराना है जिनके बारे में बहुत कम लिखा गया है, हालाँकि सुना तो बहुत गया है। जिन्होंने अपने जीवन के 20-22 वसंत आते-आते ऐसे-ऐसे कारनामें अपने नाम कर लिए जिनके बारे में आज की पीढ़ियां सोच भी नहीं सकती हैं। मैं इस पुस्तक में उनकी दुनिया के किसी पहलवान से तुलना करना उचित नहीं समझता हूँ और तुलना है भी नहीं क्योंकि वे अद्वितीय थे।

❑

बाल्यकाल एवं प्रारम्भिक जीवन

भारत के उत्तर प्रदेश राज्य के बलिया जिले (जिसे भारत के स्वतंत्रता आन्दोलन में अपने उल्लेखनीय योगदान की वजह से बागी बलिया (Rebelion Ballia) के नाम से भी जाना जाता है) में स्थित एक गाँव टुटुवारी के पूर्व दिशा में पतितपावनी माँ गंगा, अविरल बहती हैं। यह गाँव वाराणसी से 125 किलोमीटर, लखनऊ से 400 किलोमीटर, गोरखपुर से 175 किलोमीटर और देश की राजधानी नई दिल्ली से 900 किलोमीटर की दूरी पर स्थित है। भोजपुरी यहाँ की प्राथमिक स्थानीय बोली है। यह क्षेत्र गंगा के जलोढ़ मैदान करईल क्षेत्र में स्थित है। यहाँ के ताल शायल की मिट्टी अपनी उर्वरा शक्ति के लिए बहुत प्रसिद्ध है। अक्सर बरसात के मौसम में बाढ़ग्रस्त रहने वाले इस उपजाऊ क्षेत्र में धान, जौ, मटर, ज्वार-बाजरा, मसूर और अन्य दालें, तिलहन यहाँ की मुख्य फसलें हैं। यह इलाका मसूर के पैदावार के लिए विशेष रूप से जाना जाता है।

यहाँ के जमींदार स्व. हुकुम चंद राय के तीन पुत्रों स्व. शिव नारायण राय, स्व. महिपत राय, एवं स्व. रूपनारायण राय के परिवार ने क्रूर अंग्रेज़ी शासन के बावजूद अपनी सूझ-बूझ, दिलदारी और जमींदारी में हजारों हाथों को रोजी और रोटी दी थी। उस दौर में अफरात धन-दौलत और सम्पन्नता की वजह से राय परिवार की पकड़ अंग्रेज़ी हुकूमत पर भी बहुत अच्छी थी और इस परिवार ने उस दौर में एक त्रासदी पूर्ण जीवन को दलदल में फसने और पलायन की विभीषिका से अपने गाँव और आस-पास के लोगों को बचाया था।

यही वह दौर है जब देश गुलामी की जंजीरों में जकड़ा हुआ था, लोग रोज़गार की तलाश में कोलकाता (आज का कोलकाता उस समय का कलकत्ता) की तरफ पलायन करते थे, जो उस समय का मुख्य औद्योगिक शहर था और गुलाम भारत की राजधानी हुआ करता था। निश्चय ही बंदरगाहों के जाल से पटा पड़ा था। इन मज़दूरों को कलकतिया (कल्कतिहा) कहा जाता था। जिनको वहां से

एक एग्रीमेंट करा कर दक्षिण अफ्रीकी देशों में मज़दूरी के कार्य के लिए ले जाया जाता था। उन्हीं लोगों को बाद में गिरमिटिया कहा गया। गिरमिटिया अँग्रेजी के एग्रीमेंट का अपभ्रंश था। गिरमिटिया लोगों का एक अलग इतिहास और कहानी है। यहां पर संक्षेप में उसका भी वर्णन करते हैं;

गिरमिटिया मज़दूर उत्तर प्रदेश और बिहार के गाँवों से निकले थे। ये अधिकतर पूर्वी उत्तरप्रदेश और पश्चिमी बिहार के थे। इनकी बोली भोजपुरी थी। ये रेलगाड़ी से कलकत्ता पहुँचे थे। फिर कलकत्ता से महीनों की कष्टकारी जलमार्ग से यात्रा कर ये फिजी, मॉरीशस, सूरीनाम और त्रिनीदाद पहुँचे थे। इन गिरमिटिया लोगों से गन्ने के खेतों में काम कराया जाता था। असल में ये गन्ने की खेती के लिए सिद्धहस्त थे। स्थानीय लोग आलसी और कामचोर थे। इन्हें गन्ने का रस और गुड़ खाना पसंद था, पर काम से इन्हें नफरत थी। ये जंगल से शिकार करते थे और उसी से गुजर बसर करते थे। गिरमिटिया लोगों से अंग्रेज़ों ने 5 साल का एग्रीमेंट किया होता था। कागज पर इनका अंगूठा लगवाकर इन्हें बंधुआ मज़दूर बना दिया गया था। अंगूठा टेक लोगों की भाषा में यही एग्रीमेंट अपभ्रंश होकर गिरिमेंट और फिर कालान्तर में गिरमिट हो गया। इसी के तहत काम करने वाले मज़दूर गिरमिटिया कहलाने लगे।

('गिरमिटिया मज़दूर' महज शब्द नहीं, वो घाव है जो ब्रिटिश शासन ने हमें दिया।)

इन गिरमिटिया लोगों के ज़हन में रोटी, कपड़ा और मकान था। ये भारत से अपनी गरीबी और भूखमरी से तंग आकर यहां पहुंचे थे। वे चाहते थे कि इन 5 सालों में इतना कमा लें कि उनके भारत स्थित परिजनों की सारी समस्याएँ दूर हो जाएँ। लेकिन हर सोचा काम पूरा नहीं होता। इन्हें उतना ही मिलता, जिससे इनका भरण पोषण हो सके। उन्हें केवल "हाथ से उठाओ और मुंह में डालो" जितनी तनख़्वाह मिलती थी। अंग्रेज़ इन्हें जरा भी आराम नहीं करने देते। बात-बात

पर कोड़े बरसाते। औरतों की स्थिति और भी खराब थी। गिरमिटिया लोगों के साथ लगभग चालीस प्रतिशत औरतें भी आई थीं। इन औरतों में से सबसे सुंदर व जवान औरतों को अलग कर लिया जाता था। इन्हें अंग्रेज़ जबरन अपनी रखैल बनाकर रखते थे। जब सब कुछ चुकता हो जाता तो उन्हें उनके पतियों को वापस कर दिया जाता। एग्रीमेंट के दौरान कोई बच्चा हो जाए तो उसके ऊपर भी अंग्रेज़ों का अधिकार होता था। उस दौर में गिरमिटिया मज़दूर बेचे और खरीदे भी जाते थे। ऐसे में माँ किसी को, बेटा किसी को तो पिता किसी और को बेच दिया जाता था। यह मानवता पर एक त्रासदी थी।

गिरमिटिया लोगों की जो औरतें भारत में ही रह गई थीं, उनका और भी बुरा हाल था। वे सधवा होकर भी विधवा का जीवन जीने के लिए मजबूर थीं। उन्हें विरहिणी का जीवन जीना पड़ा। पति 5 साल का अनुबंध समाप्त होने के बाद भी इतना नहीं जोड़ पाता कि वह वापस घर आ सके। अतः उसे दुबारा एग्रीमेंट करना पड़ जाता था जिससे वह फिर से गिरमिटिया बंधन में बंध जाता था। इस तरह गुलामी में ही उनकी पूरी जिंदगी कट जाती। वे वहीं के होकर रह जाते और कभी लौट नहीं पाते। कुछ तो वहीं शादी कर एक अलग परिवार बसा भी बसा लिया करते। घर में उनकी विरहिणी दुल्हनियां उनकी राह ताकती ही रह जातीं। आप इस बात से अनुमान लगा सकते हैं कि उनका जीवन कितना कष्टप्रद और दुर्भाग्य पूर्ण रहा होगा।

इसी दर्द को भोजपुरी के प्रसिद्ध लोक कलाकार, रंगकर्मी, लोक जागरण के सन्देश वाहक, लोक गीत तथा भजन कीर्तन के अनन्य साधक भिखारी ठाकुर जी ने अपनी रचनाओं में व्यक्त किया है, जो बहु आयामी प्रतिभा के व्यक्ति थे। वे भोजपुरी गीतों एवं नाटकों की रचना एवं अपने सामाजिक कार्यों के लिये प्रसिद्ध हैं। भोजपुरी के शेक्सपियर कहे जाने वाले भिखारी ठाकुर की बहु प्रचलित "बिदेसिया" में इसको बड़े मार्मिक ढंग से बयाँ किया है। इसका संक्षेप वर्णन लाज़मी प्रतीत होता है।

भिखारी ठाकुर का 'बिदेसिया' केवल नाट्य अथवा नाट्यशैली भर नहीं है। अपने लिखे और खेले जाने के समय से ही बिदेसिया भोजपुरी अंचल के गबरू जवानों के पलायन और उनकी ब्याहता स्त्रियों के दर्द का दस्तावेज बन चुका है। इसका कथानक बस इतना है कि गाँव का एक युवक अपने दोस्त से कलकत्ता की बड़ाई सुनकर स्वयं कलकत्ता जाना चाहता है, पर उसकी नवब्याहता पत्नी

आशंकित हो मना कर देती है और न जाने का अनुरोध भी करती है। लेकिन पति चुपके से बहाना बनाकर कलकत्ता निकल जाता है। कलकत्ते में उसका परिचय एक नवयुवती से हो जाता है। उधर नायक बिदेसी की पत्नी गाँव में वियोग में रोती-बिलखती रहती है। उसकी चिंता यह भी है कि परदेस में पति की क्या दशा होगी, वह कैसे रहता होगा। लेकिन उसको उम्मीद है कि एक दिन उसका पति अवश्य लौटेगा। इसी बीच एक अधेड़ उम्र का व्यक्ति 'बटोही' कमाने के लिए कलकत्ता की ओर जा रहा था। बिदेसी की पत्नी प्यारी सुंदरी को जब यह बात पता चलती है, तो वह उससे अपने पति तक संदेश पहुंचाने की मिन्नत करती है। कलकत्ता पहुंचने पर उसे बिदेसी मिल जाता है। वह बिदेसी से उसकी पत्नी की कारुणिक कथा कहता है, जिसे सुनकर बिदेसी को अपने घर और पत्नी की याद आने लगती है और वह वापस लौटने को उद्यत हो जाता है। बिदेसिया की कहानी जितनी सरल और सहज दिखती है, उतनी है नहीं। इसमें आंतरिक प्रवसन की पीड़ा ही नहीं छुपी, बल्कि भोजपुरी अंचल में व्याप्त शोषण और अभाव की बहुस्तरीय परतों का बयान भी है। इसके अलावा भी भिखारी ठाकुर ने बहुत रचनायें की थीं। राय परिवार द्वारा क्षेत्र के ऐसे हजारों लोगों को इस विभीषिका और दलदल में फँसने से बचाया गया था।

धन्य है वह सन् 1899 की सावन माह की छठी तिथि (28 जुलाई) की शुभघड़ी और नक्षत्र जिसमें भारतीय पहलवानी के गौरव पुरुष का, इसी राय परिवार में एक अद्‌भुत बालक के रूप में जन्म हुआ। जिनका नाम बाद में भागवत राय रखा गया। भागवत मतलब बलवान शरीर, कोमल हृदय। उनके साहस के लिए उन्हें उत्तर भारत में याद किया जाता है। भागवत राय के जन्म से ही उनके चर्चे आस-पास के गाँव में होने लगे थे। आम बच्चों से कहीं ज़्यादा हृष्ट-पुष्ट और चेहरे पर एक अलग-सा तेज लिए जन्म हुआ था भागवत राय का। संयोग से इस साल बारिश भी बहुत अच्छी हुई थी जिसके कारण फसल की पैदावार पिछले कई सालों से बेहतर थी। लोग भागवत के जन्म को गाँव की इस उन्नति से जोड़कर देखने लगे थे। कई ज्योतिषों ने तो इस बच्चे को आने वाले वक़्त में राय परिवार और इस गाँव का सम्मान बताया था। धीरे-धीरे यह बात सच भी होने लगी थी, अपने बाल्य-काल से ही भागवत बहुत प्रभावशाली होने लगे थे। जहाँ हर गरीब मज़दूरों का दर्द भागवत बिना बोले समझ जाते थे, वहीं उनकी एक और खासियत यह थी कि वह जानवरों से भी बहुत स्नेह करते थे

और उनकी भाषा भी समझते थे। आए दिन वह किसी न किसी अनाथ जानवर के बच्चे को घर ले आया करते थे। अपने घर के पीछे के गुहाल (जानवरों के रहने की जगह) में उन्होंने ऐसे कई जानवर पाल रखे थे। न केवल पालतू जानवर बल्कि कई जंगली जानवर भी भागवत से बहुत आकर्षित होते थे और अकसर भागवत को ऐसे जानवरों के साथ देखा जाता था। राय परिवार में पढ़ाई-लिखाई का बहुत महत्त्व था। ख़ास तौर पर अंग्रेज़ी भाषा का, जिस कारण से सभी बच्चों में अंग्रेज़ी भाषा को आम बोलचाल में प्रयोग किया जाता था। घर आए कई अंग्रेज़ ऑफिसर भी इनकी भाषा शैली देखकर दंग रह जाते थे। भागवत अपने भाई बहनों से अलग पहलवानी को अपनी रुचि बनाते जा रहे थे। पढ़ाई को भागवत बस अपनी सामान्य प्रगति के तौर पर ले रहे थे, इसी कारण वह पढ़ने में अपने भाई बहनो से थोड़ा कमजोर थे पर शारीरिक मजबूती में वह पूरे परिवार पर अकेले ही भारी थे। फिर भी परिवार द्वारा उन्हें प्राथमिक शिक्षा के बाद 10वीं- विक्टोरिया स्कूल, गाजीपुर (उ. प्र.) भेजा गया। वहाँ अपने मित्रों- स्व. विजय शंकर बाबू M.L.A., कुंडेसर, रामजी राय वकील, शंभूनाथ राय आदि के साथ खेलकूद में रुचि लेने लगे। वह खेल कूद में बेजोड़, जनपद एवं राज्य में हॉकी एवं फुटबॉल के अच्छे खिलाड़ी भी थे।

कहते हैं कि एक बार अपनी 16 साल की उम्र में, भागवत जब अपने गावं की एक बारात से लौटे तो वह पूरा बदल चुके थे। अपने बाल्य-काल को पीछे छोड़ अपने उज्ज्वल भविष्य की तरफ ताकने लगे थे। एक पहलवान से प्रेरित होकर ताउम्र ब्रह्मचर्य, प्राणायाम और पहलवानी को अपना जुनून बना चुके थे। कल तक जो भागवत राय गाँव से घर तक मस्ती में मगन रहने वाले थे, अब पूरी ज़िम्मेदारी से अपने खान-पान और कसरत में समय देने लगे थे। जब पूरी दुनिया सो रही होती थी तब स्वर्गीय भागवत राय जाग रहे होते थे। इसे एक तरीके से अर्धरात्रि ही कह सकते हैं। रात के 2:00 बजे उठकर अपना नित्यकर्म पूरा करके अपनी शारीरिक क्षमता को बढ़ाने के लिए 2:00 से 6:00 तक के बीच में लगभग 10 मील की दौड़, 500 दंड 500 बैठक और भारोत्तोलन का अभ्यास, जिससे शरीर बलवान, फुर्तीला और अद्‌भुत तेज से प्रकाशित होता था, किया करते थे। यह उनकी एक प्रकार की अलग ही साधना थी। वही साधना आज उन्हें अपने समय के बाकी पहलवानों से अलग करती है। ऐसी अद्‌भुत प्रतिभा और लगन के धनी थे, हम सबके पहलवान साहेब।

बाल्यकाल का एक रोचक प्रसंग गाँव में बहुत प्रचलित है कि एक दिन सुबह-सुबह वो अपना नित्य व्यायाम कर सिवान (मैदान) से लौट रहे थे, तभी उनकी नज़र एक बैलगाड़ी पर पड़ी। आज की नयी पीढ़ी के लिए बैलगाड़ी का संक्षेप में रूपरेखा पेश करता हूँ; बैलगाड़ी लकड़ी तथा बाँस की बनी होती है। इसमें दो पहिये होते हैं जो काठ या लोहे के बने होते हैं। गाड़ी में दो बैल जुते रहते हैं। गाड़ीवान गाड़ी पर आगे बैठता है और गाड़ी हाँकता है। ये गाड़ियाँ भारी बोझ और यात्रियों को ढोने के काम में लाई जाती थी। यह आज भी है, लेकिन अब बहुत कम पायी जाती है। यह गाँव के किसानों और व्यापारियों के लिये बहुत ही उपयोगी थी। किसान बैलगाड़ी पर आसपास के गाँव में जाते थे। वे इस पर गोबर लादकर अपने खेतो में ले जाते। वे इस पर अनाज लादकर बाजार ले जाते हैं और उन्हें वहां बेच देते हैं। बैलगाड़ी की सवारी का अपना अलग ही आनन्द है। हरे-हरे खेतों के बीच से गुजरती सड़क पर मन्थर गति से चलती हुई बैलगाड़ी का अलग ही आनन्द है। बैलों के गले की छोटी-छोटी घंटियों की मधुर आवाज़ सुनाई पड़ती है। बैलगाड़ी भारत की संस्कृति और सरलता का प्रतीक है, इसकी यही अपनी खूबी है।

लेकिन गाड़ीवान की बैलगाड़ी उस दिन फँस गयी थी और वो बहुत हैरान परेशान था और सहायता ढूँढ रहा था।

उन्होंने उस गाड़ीवान से पूछा, क्या हुआ भाई?

इस पर वो झल्लाया हुआ बोला कि दिख नहीं रहा है, गाड़ी फँस गयी है।

इसपर पहलवान साहेब ने कहा कि इसमें क्या दिक्कत है? सारे बोरों को उतार दो और तुम्हारी गाड़ी निकल जाएगी। इस बात पर गाड़ीवान और झल्लाया और बोला, सुबह-सुबह तुम्हें मजाक सूझ रहा है। क्या मैं तुमको इतना बेवकूफ़ नज़र आ रहा हूँ?

इस पर पहलवान साहेब ने उस को ढाढ़स बंधाया और प्यार से तसल्ली से बोले, भैया! चलिए मैं बोरे उतरवाने में आपकी मदद करता हूँ। गाड़ी निकल जाएगी और मैं सारे बोरों को उस पर चढ़ा भी दूँगा, इस बात पर गाड़ीवान को यकीन नहीं हो रहा था। मगर मरता क्या नहीं करता! और उसने उनकी बात मान ली क्योंकि अंतिम उपाय भी तो यही था। ऐसा ही हुआ। सारे बोरों को उतार कर उन्होंने कुछ ही देर में चढ़ा भी दिया। इस पर गाड़ीवान को विश्वास ही नहीं

हो रहा था। उसने सोचा कि कोई भगवान या जिन्न है यह आदमी। उसने आगे जाकर लोगों को ये वाकया बताया तो कुछ लोगों ने टुटुवारी गाँव में आकर इसकी पुष्टि की तब भागवत राय ने इस बात के सही होने की पुष्टि की, क्योंकि उन्होंने इस घटना को किसी को नहीं बताया था। यह था उनका व्यक्तित्व बाल्यकाल का। ऐसे बहुत सारे किस्से गाँव में प्रचलित हैं। आज के लोग तो छोटी से छोटी मदद का भी ढिंढोरा पीटने लगते हैं। कुछ दिनों पहले सोशल मीडिया पर कुछ केलों को चार लोग एक अस्पताल में एक मरीज को देते हुए देखे गए जिसका फोटो सोशल मीडिया पर खूब वाइरल हुआ था जो छिछोरेपन की पराकाष्ठा है।

पहलवानी भरे अपने इस बचपन में उन्होंने ये नए-नए गुण अपने चाचा देवदत्त राय -जोकि एक कुशल पहलवान, उतने ही कुशल घुड़सवार एवं कर्मयोगी थे-से सीखे एवं हार में से ही वह जीत का रास्ता निकालने लगे। स्व. देवदत्त राय जो कृषि के माहिर थे और जिनके ऊपर पूरे परिवार की खेती बारी की ज़िम्मेदारी थी, वो ज़माना कृषि का ही था और कोई आय का दूसरा साधन नहीं था। उन्हें बाद में कृषि पंडित की उपाधि दी गयी थी। अपने जुनून और ज़िम्मेदारी के साथ भागवत आगे बढ़ते गये, और सन् 1917 में जब वह 18 साल के हुए, तब उन्होंने पहली बार अपने गाँव के नागपंचमी के मेले में अपने से लगभग डेढ़ से दोगुने उम्र के 5-6 पहलवानों को एक साथ पठखनी दी। यह तो महज एक शुरुआत थी भागवत राय के करतब और कारनामों की। महाभारत, रामायण के पराक्रमियों की पौराणिक कथाएँ, यही सब कहानियां भागवत राय के लिए प्रेरणा थी। अपने जमाने में सभी पहलवानों से अलग सतयुग और त्रेता युग में महायोद्धाओं जैसे शक्ति रखने वाले महान भागवत राय के लिए परिवार ने कुछ पहलवानों को अपने यहाँ रखा जो कुश्ती में उनकी मदद कर सकें। उनके खाने-पीने और रहने की समुचित व्यवस्था हुई। लड़ने तथा रियाज़ करने का उचित माहौल बना और यहीं से देश के नामी-गिरामी पहलवानों को चुनौती देने का जो सिलसिला शुरू हुआ, वह अंग्रेज़ों को चुनौती देते हुए सर्कस कंपनी की स्थापना तक चला। आज के संदर्भ में पहलवान कुश्ती कला के बुनियादी उसूलों से भटककर फैशनपरस्त हो गए हैं। उनमें सिर्फ़ नाम और दौलत कमाने की ललक रह गई है क्योंकि आज समाज की मान्यताएं भी बदल चुकी हैं।

❑

गृहस्थ धर्मः स्वीकार एवं त्याग

हिन्दू धर्म और आश्रम व्यवस्था

सनातन धर्म की मान्यता के अनुसार यहां भागवत राय के गृहस्थ आश्रम में पदार्पण की घटना को वर्णित करने से पहले अपनी सनातन परम्परा जो आश्रम और संस्कारों में निहित है, का उल्लेख अति आवश्यक प्रतीत होता है क्योंकि आज के तथाकथित अत्याधुनिक समाज में इसका लोप दिखाई पड़ता है। अतः इसका वर्णन पाठकों एवं समाज के लिए उपयोगी सिद्ध होगा। सृष्टि की 84

लाख योनियों में मनुष्य योनि, उत्तम योनि मानी जाती है और है भी। भारतवर्ष की ऋषि परंपरा ने मनुष्य के पूरे अमूल्य जीवन को 4 आश्रमों और 16 संस्कारों में विभाजित किया है। अतः यहां पर उनका वर्णन लाज़मी है क्योंकि इसके लोप से समाज में बहुत सारी कुरीतियाँ और अपराध पनप रहे हैं। कोई शास्त्रीय विधि से अपने पूरे जीवन को ढाले या जिए तो उसका जीवन निर्मल हो जाता है।

हिन्दू धर्म में विवाह एक संस्कार ही नहीं है अपितु पूर्णतः एक ऐसी वैज्ञानिक पद्धति है, जो व्यक्ति के आगे के जीवन को सुनिश्चित करती है और जो उसके भविष्य को एक सही दिशा और दशा प्रदान करती है। हिन्दू धर्म में विवाह एक अनुबंध या समझौता नहीं है जैसा अन्य धर्मों में मान्यता है। यह भलीभांति सोच समझकर ज्योतिषीय आधार पर प्रारब्ध और वर्तमान को जानकर तय किया गया है क्योंकि यह एक आत्मिक रिश्ता होता है न की केवल और केवल शारीरिक रिश्ता। इसीलिए भारत में तलाक नामक शब्द नहीं पाये जाते थे। इस विवाह में किसी भी प्रकार का लेन-देन नहीं होता था जो अब प्रायः देखने को मिलता है। हिन्दू विवाह संस्कार के अनुसार बेटी को देना ही सबसे बड़ा दहेज होता है। हालांकि शास्त्रों में कहीं भी दहेज शब्द का उल्लेख नहीं मिलता है। यह प्रथा समाज द्वारा प्रचलित है जो दिनो दिन बढ़ती जा रही है। आज कल परम्पराएं टूट रही हैं। बहुत दुःख के साथ कहना पड़ रहा है कि विवाह अब संस्कार न होकर कुछ हद तक व्यापार होता जा रहा है जो समाज के लिए बहुत घातक सिद्ध होने जा रहा है। जिस पर अंकुश लगना चाहिए।

हमारे ऋषि-मुनियों ने मानव जीवन को पवित्र एवं मर्यादित बनाने के लिये संस्कारों की स्थापना की। इसलिए अलग गोत्र कुल आदि पर भी विचार किया जाता था। केवल धार्मिक ही नहीं वैज्ञानिक दृष्टि से भी इन संस्कारों का हमारे जीवन में विशेष महत्त्व है। भारतीय संस्कृति की महानता में इन संस्कारों का महती योगदान है। प्राचीन काल में हमारा प्रत्येक कार्य संस्कार से आरम्भ होता था। उस समय संस्कारों की संख्या भी लगभग चालीस थी। जैसे-जैसे समय बदलता गया तथा व्यस्तता बढ़ती गई, वैसे ही कुछ संस्कार स्वतः विलुप्त हो गये। इस प्रकार समयानुसार संशोधित होकर संस्कारों की संख्या निर्धारित होती गई। गौतम स्मृति में चालीस प्रकार के संस्कारों का उल्लेख है। महर्षि अंगिरा ने इनका अंतर्भाव पच्चीस संस्कारों में किया। व्यास स्मृति में सोलह संस्कारों का वर्णन हुआ है। हमारे धर्मशास्त्रों में भी मुख्य रूप से सोलह संस्कारों की व्याख्या की गई है। ये निम्नानुसार हैं-

1. गर्भाधान संस्कार

हमारे शास्त्रों में मान्य सोलह संस्कारों में 'गर्भाधान' पहला संस्कार है। गृहस्थ जीवन में प्रवेश के उपरान्त प्रथम कर्त्तव्य के रूप में इस संस्कार को मान्यता दी गई है। गार्हस्थ्य जीवन का प्रमुख उद्देश्य श्रेष्ठ सन्तानोत्पत्ति है। उत्तम संतति की इच्छा रखनेवाले माता-पिता को गर्भाधान से पूर्व अपने तन और मन की पवित्रता के लिये यह संस्कार करना चाहिए। दैवी जगत् से शिशु की प्रगाढ़ता बढ़े तथा ब्रह्माजी की सृष्टि से वह अच्छी तरह परिचित होकर दीर्घकाल तक धर्म और मर्यादा की रक्षा करते हुए इस लोक का भोग करे, यही इस संस्कार का मुख्य उद्देश्य है। विवाह उपरांत की जाने वाली विभिन्न पूजा और क्रियाएं इसी का हिस्सा हैं। इसमें यहाँ तक वर्णित है कि मनचाही संतान पुत्र या पुत्री कैसे पायी जा सकती है।

2. पुंसवन संस्कार

गर्भ ठहर जाने पर भावी माता के आहार, आचार, व्यवहार, चिंतन, भाव आदि सभी को उत्तम और संतुलित बनाने का प्रयास किया जाता है। हिन्दू धर्म में, संस्कार परम्परा के अंतर्गत भावी माता-पिता को यह तथ्य समझाए जाते हैं कि शारीरिक, मानसिक दृष्टि से परिपक्व हो जाने के बाद, समाज को श्रेष्ठ, नई तेजस्वी पीढ़ी देने के संकल्प के साथ ही संतान पैदा करने की पहल करें। उसके लिए अनुकूल वातवरण भी निर्मित किया जाता है। गर्भ के तीसरे माह में विधिवत पुंसवन संस्कार सम्पन्न कराया जाता है, क्योंकि इस समय तक गर्भस्थ शिशु के विचार तंत्र का विकास प्रारंभ हो जाता है। वेद मंत्रों, यज्ञीय वातावरण एवं संस्कार सूत्रों की प्रेरणाओं से शिशु के मानस पर तो श्रेष्ठ प्रभाव पड़ता ही है, अभिभावकों और परिजनों को भी यह प्रेरणा मिलती है कि भावी माँ के लिए श्रेष्ठ मनःस्थिति और परिस्थितियाँ कैसे विकसित की जाएँ। अर्जुन-सुभद्रा पुत्र अभिमन्यु की कहानी हम सभी जानते हैं जिसमें उन्होंने गर्भ में ही चक्रव्यूह की संरचना को तोड़ने की कला सीख ली थी।

3. सीमन्तोन्नयन संस्कार

सीमन्तोन्नयन को सीमन्तकरण अथवा सीमन्त संस्कार भी कहते हैं। सीमन्तोन्नयन का अभिप्राय है सौभाग्य संपन्न होना। गर्भपात रोकने के

साथ-साथ गर्भस्थ शिशु एवं उसकी माता की रक्षा करना भी इस संस्कार का मुख्य उद्देश्य है। इस संस्कार के माध्यम से गर्भिणी स्त्री का मन प्रसन्न रखने के लिये सौभाग्यवती स्त्रियां गर्भवती की मांग भरती हैं। यह संस्कार गर्भ धारण के छठे अथवा आठवें महीने में होता है। जिसे कहीं-कहीं गोदभराई के रूप में मनाया जाता है। ये सारे संस्कार वैज्ञानिक पद्धति पर आधारित है क्योंकि स्वस्थ मन का शरीर पर बहुत प्रभाव पड़ता है।

4. जातकर्म संस्कार

नवजात शिशु के नालच्छेदन से पूर्व इस संस्कार को करने का विधान है। इस दैवी जगत् से प्रत्यक्ष सम्पर्क में आने वाले बालक को मेधा, बल एवं दीर्घायु के लिये स्वर्ण खण्ड से मधु एवं घृत गुरु मंत्र के उच्चारण के साथ चटाया जाता है। दो बूंद घी तथा छह बूंद शहद का सम्मिश्रण अभिमंत्रित कर चटाने के बाद पिता बालक के बुद्धिमान, बलवान, स्वस्थ एवं दीर्घजीवी होने की प्रार्थना करता है। इसके बाद माता बालक को स्तनपान कराती है।

5. नामकरण संस्कार

नामकरण शिशु जन्म के बाद पहला संस्कार कहा जा सकता है। यों तो जन्म के तुरन्त बाद ही जातकर्म संस्कार का विधान है, किन्तु वर्तमान परिस्थितियों में वह व्यवहार में नहीं दिखाई पड़ता है। अपनी पद्धति में उसके तत्त्व को भी नामकरण के साथ समाहित कर लिया गया है। इस संस्कार के माध्यम से शिशु रूप में अवतरित जीवात्मा को कल्याणकारी यज्ञीय वातावरण का लाभ पहुँचाने का सत्प्रयास किया जाता है। जीव के पूर्व संचित संस्कारों में जो हीन हों, उनसे मुक्त कराना, जो श्रेष्ठ हों, उनका आभार मानना-अभीष्ट होता है। नामकरण संस्कार के समय शिशु के अन्दर मौलिक कल्याणकारी प्रवृत्तियों, आकांक्षाओं के स्थापन, जागरण के सूत्रों पर विचार करते हुए उनके अनुरूप वातावरण बनाना चाहिए। शिशु कन्या है या पुत्र, इसके भेदभाव को स्थान नहीं देना चाहिए। भारतीय संस्कृति में कहीं भी इस प्रकार का भेद नहीं है। शीलवती कन्या को दस पुत्रों के बराबर कहा गया है। इसलिए पुत्र या कन्या जो भी हो, उसके भीतर के अवांछनीय संस्कारों का निवारण करके श्रेष्ठतम की दिशा में प्रवाह पैदा करने की दृष्टि से नामकरण संस्कार कराया जाना चाहिए।

यह संस्कार कराते समय शिशु के अभिभावकों और उपस्थित व्यक्तियों के मन में शिशु को जन्म देने के अतिरिक्त उन्हें श्रेष्ठ एवं सम्पन्न व्यक्तित्व बनाने के महत्त्व का बोध होता है। इससे भावपूर्ण वातावरण में प्राप्त सूत्रों को क्रियान्वित करने का उत्साह जागता है। आमतौर से यह संस्कार जन्म के दसवें दिन किया जाता है। उस दिन जन्म सूतिका का निवारण-शुद्धिकरण भी किया जाता है। यह प्रसूति कार्य घर में ही हुआ हो, तो उस कक्ष को लीप-पोतकर, धोकर स्वच्छ करना चाहिए। शिशु तथा माता को भी स्नान कराकर नये स्वच्छ वस्त्र पहनाये जाते हैं। उसी के साथ यज्ञ एवं संस्कार का क्रम वातावरण में दिव्यता घोलकर अभिष्ट उद्देश्य की पूर्ति करता है। यदि दसवें दिन किसी कारण नामकरण संस्कार न किया जा सके, तो अन्य किसी दिन, उसे सम्पन्न करा लेना चाहिए। घर पर, प्रज्ञा संस्थानों अथवा यज्ञ स्थलों पर भी यह संस्कार कराया जाना उचित है।

6. निष्क्रमण संस्कार

निष्क्रमण का अभिप्राय है बाहर निकलना। इस संस्कार में शिशु को सूर्य तथा चन्द्रमा की ज्योति दिखाने का विधान है। भगवान् भास्कर के तेज तथा चन्द्रमा की शीतलता से शिशु को अवगत कराना ही इसका उद्देश्य है। आज विज्ञान भी इसको पुष्ट करता है कि धूप से हमें विटामिन डी प्राप्त होता है। इसके पीछे मनीषियों की शिशु को तेजस्वी तथा मज़बूत बनाने की परिकल्पना होगी क्योंकि विटामिन डी कैल्शियम को पुष्ट करता है, जिससे हड्डियाँ मजबूत होती हैं। उस दिन देवी-देवताओं के दर्शन तथा उनसे शिशु के दीर्घ एवं यशस्वी जीवन के लिये आशीर्वाद ग्रहण किया जाता है। जन्म के चौथे महीने इस संस्कार को करने का विधान है। तीन माह तक शिशु का शरीर बाहरी वातावरण यथा तेज धूप, तेज हवा आदि के अनुकूल नहीं होता है इसलिये प्रायः तीन मास तक उसे बहुत सावधानी से घर में रखना चाहिए। इसके बाद धीरे-धीरे उसे बाहरी वातावरण के संपर्क में आने देना चाहिए। इस संस्कार का तात्पर्य यही है कि शिशु समाज के सम्पर्क में आकर सामाजिक परिस्थितियों से अवगत हो।

7. अन्नप्राशन संस्कार

बालक को जब पेय पदार्थ, दूध आदि के अतिरिक्त अन्न देना प्रारम्भ किया

जाता है, तो वह शुभारम्भ यज्ञीय वातावरण युक्त धर्मानुष्ठान के रूप में होता है। इसी प्रक्रिया को अन्नप्राशन संस्कार कहा जाता है। बालक के दाँत निकल आने पर उसे पेय के अतिरिक्त खाद्य दिये जाने की पात्रता का भी संकेत है। तदनुसार अन्नप्राशन 6 माह की आयु के आस-पास कराया जाता है। अन्न का शरीर से गहरा सम्बन्ध है। मनुष्यों और प्राणियों का अधिकांश समय साधन-आहार व्यवस्था में जाता है। उसका उचित महत्त्व समझकर उसे सुसंस्कार युक्त बनाकर लेने का प्रयास करना उचित है। अन्नप्राशन संस्कार में भी यही होता है। अच्छे प्रारम्भ का अर्थ है- आधी सफलता। अस्तु, बालक के अन्नाहार के क्रम को श्रेष्ठतम संस्कारयुक्त वातावरण में करना अभीष्ट है। हमारी परम्परा यही है कि भोजन थाली में आते ही उसमें से चींटी, कुत्ता आदि का भाग निकालकर अलग कर लिया जाता है। भोजन ईश्वर को समर्पण कर या अग्नि में आहुति देकर तब खाते हैं। होली का पर्व तो इसी प्रयोजन के लिए है। नई फसल में से एक दाना भी मुख में डालने से पूर्व, पहले उसकी आहुतियाँ होलिका यज्ञ में देते हैं। तब उसे खाने का अधिकार मिलता है। किसान जब अन्नराशि तैयार कर लेता है, तो पहले उसमें से एक टोकरी भर कर धर्म कार्य के लिए अन्न निकालता है, तब घर ले जाता है। त्याग के संस्कार के साथ अन्न को प्रयोग करने की दृष्टि से ही धर्मघट-अन्नघट रखने की परिपाटी प्रचलित है। भोजन के पूर्व बलिवैश्व देव प्रक्रिया भी अन्न को यज्ञीय संस्कार देने के लिए की जाती है।

8. मुंडन/चूड़ाकर्म संस्कार

इस संस्कार में शिशु के सिर के बाल पहली बार उतारे जाते हैं। लौकिक रीति में यह प्रचलित है कि मुण्डन, बालक की आयु एक वर्ष तक होने से पहले करा लें अथवा दो वर्ष पूरा होने पर तीसरे वर्ष में कराएँ। यह समारोह इसलिए महत्त्वपूर्ण है कि मस्तिष्कीय विकास एवं सुरक्षा पर इस समय विशेष विचार किया जाता है और वह कार्यक्रम शिशु पोषण में सम्मिलित किया जाता है, जिससे उसका मानसिक विकास व्यवस्थित रूप से आरम्भ हो जाए। चौरासी लाख योनियों में भ्रमण करते रहने के कारण मनुष्य कितने ही ऐसे पाशविक संस्कार, विचार, मनोभाव अपने भीतर धारण किये रहता है, जो मानव जीवन में अनुपयुक्त एवं अवांछनीय होते हैं। इन्हें हटाने और उस स्थान पर मानवतावादी आदर्शों को प्रतिष्ठापित किये जाने का कार्य

इतना महान एवं आवश्यक है कि अगर वह नहीं हो सका, तो यही कहना होगा कि आकृति मात्र मनुष्य की हुई, प्रवृत्ति तो पशु की बनी रहेगी। हमारी परम्परा हमें सिखाती है कि बालों में स्मृतियाँ सुरक्षित रहती हैं अतः जन्म के साथ आये बालों को पूर्व जन्म की स्मृतियों को हटाने के लिए ही यह संस्कार किया जाता है। ऐसी मान्यता एवं परम्परा है।

9. विद्यारंभ संस्कार

जब बालक/बालिका की आयु शिक्षा ग्रहण करने योग्य हो जाए, तब उसका विद्यारंभ संस्कार कराया जाता है। इस समारोह के माध्यम से जहाँ एक ओर बालक में अध्ययन का उत्साह पैदा किया जाता है, वहीं अभिभावकों, शिक्षकों को भी उनके इस पवित्र और महान दायित्व के प्रति जागरूक कराया जाता है कि बालक को अक्षर ज्ञान, विषयों के ज्ञान के साथ श्रेष्ठ जीवन के सूत्रों का भी बोध और अभ्यास कराते रहें।

10.कर्णवेध संस्कार

हमारे मनीषियों ने सभी संस्कारों को वैज्ञानिक कसौटी पर कसने के बाद ही प्रारम्भ किया है, जो आज की वैश्विक महामारी कोरोना काल में सिद्ध हो रही है। हमारी परम्पराएं आज पूरी दुनिया अपना रही है। कर्णवेध संस्कार का आधार बिल्कुल वैज्ञानिक है। बालक की शारीरिक व्याधि से रक्षा ही इस संस्कार का मूल उद्देश्य है। प्रकृति प्रदत्त इस शरीर के सारे अंग महत्त्वपूर्ण हैं। कान हमारे श्रवण द्वार हैं। कर्णवेधन से व्याधियां दूर होती हैं तथा श्रवण शक्ति भी बढ़ती है। इसके साथ ही कानों में आभूषण हमारे सौन्दर्य बोध का परिचायक भी हैं। यज्ञोपवीत के पूर्व इस संस्कार को करने का विधान है। ज्योतिष शास्त्र के अनुसार शुक्ल पक्ष के शुभ मुहूर्त में इस संस्कार का सम्पादन श्रेयस्कर है।

11.यज्ञोपवीत/उपनयन संस्कार

उपनयन संस्कार वह संस्कार है जिसमें जनेऊ पहना जाता है। मुंडन और पवित्र जल में स्नान भी इस संस्कार के अंग होते हैं। सूत से बना वह पवित्र धागा जिसे यज्ञोपवीतधारी व्यक्ति बाएँ कंधे के ऊपर तथा दाईं भुजा के नीचे पहनता है। यज्ञ द्वारा संस्कार किया गया उपवीत, यज्ञसूत्र यज्ञोपवीत एक

विशिष्ट सूत्र को विशेष विधि से ग्रन्थित करके बनाया जाता है। इसमें सात ग्रन्थियां लगायी जाती हैं। ब्राह्मणों के यज्ञोपवीत में ब्रह्मग्रंथि होती है। तीन सूत्रों वाले इस यज्ञोपवीत को गुरु दीक्षा के बाद हमेशा धारण किया जाता है। तीन सूत्र हिंदू त्रिमूर्ति; ब्रह्मा, विष्णु और महेश के प्रतीक होते हैं। अपवित्र होने पर यज्ञोपवीत बदल लिया जाता है। बिना यज्ञोपवीत धारण किये अन्न जल ग्रहण नहीं किया जाता। यज्ञोपवीत धारण करने का मन्त्र भी है, जो आज की पीढ़ियों के लिए जानना अनिवार्य है। आज के कथित आधुनिक युग में इसका महत्त्व और भी अधिक है, लेखक का मत है कि हमें प्रगतिशील होने के साथ साथ संस्कारवान भी होना चाहिए।

12.वेदारम्भ संस्कार

ज्ञानार्जन से सम्बन्धित है यह संस्कार। वेद का अर्थ होता है ज्ञान और वेदारम्भ के माध्यम से बालक अब ज्ञान को अपने अन्दर समाविष्ट करना शुरू करे, यही अभिप्राय है इस संस्कार का। शास्त्रों में ज्ञान से बढ़कर दूसरा कोई प्रकाश नहीं समझा गया है। स्पष्ट है कि प्राचीन काल में यह संस्कार मनुष्य के जीवन में विशेष महत्त्व रखता था। यज्ञोपवीत के बाद बालकों को वेदों का अध्ययन एवं विशिष्ट ज्ञान से परिचित होने के लिये योग्य आचार्यों के पास गुरुकुलों में भेजा जाता था। वेदारम्भ से पहले आचार्य अपने शिष्यों को ब्रह्मचर्य व्रत का पालन करने एवं संयमित जीवन जीने की प्रतिज्ञा कराते थे तथा उसकी परीक्षा लेने के बाद ही वेदाध्ययन कराते थे। असंयमित जीवन जीने वाले वेदाध्ययन के अधिकारी नहीं माने जाते थे। हमारे चारों वेद ज्ञान के अक्षुण्ण भंडार हैं।

13.केशान्त संस्कार

गुरुकुल में वेदाध्ययन पूर्ण कर लेने पर आचार्य के समक्ष यह संस्कार सम्पन्न किया जाता था। वस्तुतः यह संस्कार गुरुकुल से विदाई लेने तथा गृहस्थाश्रम में प्रवेश करने का उपक्रम है। वेद-पुराणों एवं विभिन्न विषयों में पारंगत होने के बाद ब्रह्मचारी के समावर्तन संस्कार के पूर्व बालों की सफाई की जाती थी तथा उसे स्नान कराकर स्नातक की उपाधि दी जाती थी। केशान्त संस्कार शुभ मुहूर्त में किया जाता था।

14.समावर्तन संस्कार

गुरुकुल से विदाई लेने से पूर्व शिष्य का समावर्तन संस्कार होता था। इस संस्कार से पूर्व ब्रह्मचारी का केशान्त संस्कार होता था। यह स्नान समावर्तन संस्कार के तहत होता था। इसमें सुगन्धित पदार्थों एवं औषधि युक्त जल से भरे हुए वेदी के उत्तर भाग में आठ घड़ों के जल से स्नान करने का विधान है। यह स्नान विशेष मन्त्रोच्चारण के साथ होता था। इसके बाद ब्रह्मचारी मेखला व दण्ड को छोड़ देता था, जिसे यज्ञोपवीत के समय धारण कराया जाता था। इस संस्कार के बाद उसे विद्या स्नातक की उपाधि आचार्य देते थे। इस उपाधि से वह सगर्व गृहस्थाश्रम में प्रवेश करने का अधिकारी समझा जाता था। सुन्दर वस्त्र व आभूषण धारण करता था तथा आचार्यों एवं गुरुजनों से आशीर्वाद ग्रहण कर अपने घर के लिये विदा होता था।

15.विवाह संस्कार

हिन्दू धर्म में सद्गृहस्थ की, परिवार निर्माण की ज़िम्मेदारी उठाने के योग्य शारीरिक, मानसिक परिपक्वता आ जाने पर युवक-युवतियों का विवाह संस्कार कराया जाता है। भारतीय संस्कृति के अनुसार विवाह कोई शारीरिक या सामाजिक अनुबन्ध मात्र नहीं है, यहाँ दाम्पत्य को एक श्रेष्ठ आध्यात्मिक साधना का भी रूप दिया गया है। इसलिए कहा गया है- 'धन्यो गृहस्थाश्रमः'।

सद्गृहस्थ ही समाज को अनुकूल व्यवस्था एवं विकास में सहायक होने के साथ श्रेष्ठ नई पीढ़ी बनाने का भी कार्य करते हैं। वही अपने संसाधनों से ब्रह्मचर्य, वानप्रस्थ एवं संन्यासी आश्रमों के साधकों को वाञ्छित सहयोग देते रहते हैं। ऐसे सद्गृहस्थ बनाने के लिए विवाह को रूढ़ियों-कुरीतियों से मुक्त कराकर श्रेष्ठ संस्कार के रूप में पुनः प्रतिष्ठित करना आवश्यक है। युग निर्माण के अन्तर्गत विवाह संस्कार के पारिवारिक एवं सामूहिक प्रयोग सफल और उपयोगी सिद्ध हुए हैं।

16.अन्त्येष्टि संस्कार/श्राद्ध संस्कार

हिंदुओं में किसी की मृत्यु हो जाने पर उसके मृत शरीर को वेदोक्त रीति से चिता में जलाने की प्रक्रिया को अन्त्येष्टि क्रिया अथवा अन्त्येष्टि संस्कार कहा जाता है। यह हिंदू मान्यता के अनुसार सोलह संस्कारों में से एक

संस्कार है। हिन्दूधर्म के अनुसार, प्रत्येक शुभ कार्य के प्रारम्भ में माता-पिता, पूर्वजों को नमस्कार-प्रणाम आदि करना हमारा कर्त्तव्य है। हमारे पूर्वजों की वंश परम्परा के कारण ही हम आज यह जीवन देख रहे हैं। इस जीवन का आनंद प्राप्त कर रहे हैं। इस धर्म में, ऋषियों ने वर्ष में एक पक्ष को पितृपक्ष का नाम दिया, जिस पक्ष में हम अपने पितरेश्वरों का श्राद्ध, तर्पण, मुक्ति हेतु विशेष क्रिया संपन्न कर उन्हें अर्घ्य समर्पित करते हैं। यदि किसी कारण से उनकी आत्मा को मुक्ति प्रदान नहीं हुई है तो हम उनकी शांति के लिए विशिष्ट कर्म करते हैं। इसीलिए आत्मा के स्वरूप को समझना आवश्यक है। आगे चलकर अध्याय 5 में इसकी व्याख्या करने की कोशिश की गई है।

आश्रम-

एक भारतीय का औसत जीवन 100 वर्ष माना जाता था। इसके आधार पर वैदिक जीवन के चार आश्रम थे-

1. ब्रह्मचर्य आश्रम (जन्म से 25 वर्ष)
2. गृहस्थ आश्रम (25 वर्ष 50 वर्ष)
3. वानप्रस्थ आश्रम (50 वर्ष से 75 वर्ष)
4. संन्यास आश्रम (75 वर्ष से मरणोपरांत)

प्रत्येक चरण या आश्रम का लक्ष्य उन आदर्शों को पूरा करना था जिन पर ये चरण विभाजित थे।

आश्रम जीवन के चरणों का अर्थ है कि व्यक्ति अपनी आयु के आधार पर जीवन के सभी चार चरणों में आश्रय लेता है। ये अवस्थाएँ उन कर्त्तव्यों का स्तरीकरण करती हैं, जिन्हें मनुष्य को अपने जीवनकाल में अभ्यास करना होता है। ये चार विभाग प्राचीन मनु की लिपियों में स्पष्ट हैं। ऐसी कार्यप्रणाली के साथ तत्कालीन समाज ने सामाजिक संस्थाओं को एक साथ रखने का भी लक्ष्य रखा। कम उम्र से ही आदमी को नैतिकता, आत्म-संयम, बुद्धिमत्ता, व्यावहारिकता, प्रेम, करुणा और अनुशासन के मार्ग दिखाए गए थे। उन्हें लालच, क्रूरता, सुस्ती, घमंड और कई अन्य दोषों से दूर रहने के लिए निर्देशित किया गया था। यह व्यवस्था बड़े पैमाने पर समाज के लिए भी फायदेमंद थी। आज इसका आभाव होने से समाज में बहुत सारी कुरीतियां पनप चुकी हैं तथा इस पर समाज को बड़ी ही गंभीरता से विचार करने की आवश्यकता है।

भागवत राय का गृहस्थ आश्रम में प्रवेश-

हट्टा-कट्टा गबरू जवान और साथ ही साथ जमींदारी का ताज। ऐसा रुतबा था भागवत राय का कि उस क्षेत्र में हर लड़की उनको अपने सपनों के राजकुमार के रूप में देखती थी। जैसे रामचरितमानस में तुलसीदास जी सीता जी की सखियों के बारे में लिखते हैं।

मनु जाहि राचेउ मिलिहि सो बरु सहज सुन्दर सावरो।
करुना निधान सुजान सीलु सनेहु जानत रावरो॥

जिसमें तुम्हारा मन अनुरक्त हो गया है, वही स्वभाव से सुन्दर साँवला वर तुमको मिलेगा। वह जो दया का खजाना और सुजान (सर्वज्ञ) है, तुम्हारे शील और स्नेह को जानता है।

उधर भागवत उनके इस प्रेम से अनजान अपनी कसरत, प्राणायाम, यम नियम एवं प्रत्याहार और भगवान् शिव की आराधना में लीन रहते थे। प्रेम और विवाह जैसे प्रसंग तो जैसे उनकी समझ में ही नहीं आते थे। वहीं दूसरी तरफ भागवत राय के परिवार में हर दिन भागवत राय को शादी के लिए जोर दिया जा रहा था पर भागवत राय स्वयं को अलग-अलग तरकीबों से बचते-बचाते रहे। किन्तु ये युक्ति उनके बहुत काम नहीं आयी, सो उन्होनें एक दूसरा उपाय सोचा। यहाँ उनके जीवन के एक रोचक प्रसंग-जोकि गाँव में खूब प्रचलित है-को पाठकों के सामने रख देना चाहता हूँ। पहले के जमाने में कन्या पक्ष के लोग अपनी लड़कियों के लिए वर ढूंढने के लिए जाते थे। उनको उस क्षेत्र में तिलकहरु कहा जाता था। आज भी यह परंपरा कुछ हद तक विद्यमान है। गाँव के लोग बताते हैं कि एक बार जब कन्या पक्ष के लोग उनको देखने के लिए आए थे तो उन्होंने अपने को नापसंद करने की युक्ति अपनायी और खेत में से मटर, जिसको उस क्षेत्र में घुघुनी बोलते हैं, का एक बहुत बड़ा-सा बोझा लेकर आ रहे थे। घर वालों को तो ये समझ ही नहीं आया कि क्या हो रहा है। फिर उनके चाचा देवदत्त राय ने आँखों से उन्हें दूसरी तरफ जाने का इशारा किया। वो तो ऐसा जान-बूझकर ही कर रहे थे और बोझ उनके सामने ही ला कर पटक दिया और बोलने

लगे कि काका जब सिर पर भार रहता है तो ऐसा नहीं करना चाहिए। इस घटना को देखकर तिलकहरु लोग चले गए। इस प्रकार उनकी शादी कुछ दिन के लिए टली किन्तु ये ज़्यादा नहीं चल पाया। यह एक अस्थायी समाधान था। चाचा

(संभवतः विवाह से पूर्व की तस्वीर)

देवदत्त राय ने भागवत राय को शादी के लिए मना लिया क्योंकि उनकी वजह से बाकी बच्चों की शादी में नैतिक रूप से अड़चन आ रही थी। सभ्य समाज में ये परिपाटी नहीं थी। कुछ दिनों बाद ही पूरे परिवार की पसंद से भागवत राय का पारम्परिक विवाह संम्पन्न हुआ।

शादी के कुछ दिनों बाद ही एक रात भागवत राय ने अपनी पत्नी से खुल कर बात की और अपने सपनों के बारे उनको बताया। ये क्षण उन दोनों के लिए बहुत भारी था। यह उतना आसान पल नहीं था क्योंकि उस दौर की परंपरा तथा नैतिक मूल्य आदि अलग थे। नई नवेली दुल्हन के लिए तो यह एक विपत्ति का पहाड़ टूटने जैसा था। बिल्कुल स्तब्ध, निःशब्द, मानो शरीर में प्राण ही नहीं रहे। वह अत्यंत सुंदर युवती अपने आप को ही कोसने लगी और अपने अंतःकरण से पुकारने लगी-

"क्या मैं वैसी ना जैसा चाहे तू।"

क्योंकि भारतीय समाज बहुत ही विचित्र भी है। यहाँ कई बार महिलाएं ही महिलाओं के पीछे पड़ी रहती हैं और तमाम तरह के उलाहने करती और सुनती हुई पायी जाती हैं। उन्होंने अपनी पत्नी से बहुत सारी बातें की और बोले कि पति-पत्नी केवल और केवल पति-पत्नी ही हैं? उसके अलावा और कुछ नहीं! हम एक बंधन से बंधे है, बंधे रहेंगे। दोनों के बीच यह तय हुआ कि इन दोनों के बीच हमेशा एक दायरा रहेगा, भागवत राय अपने ब्रह्मचर्य को नहीं तोड़ेंगे। ब्रह्मचर्य को यहाँ संक्षेप में समझने की कोशिश करते हैं। ब्रह्मचर्य योग के आधारभूत स्तंभों में से एक है। ब्रह्मचर्य का अर्थ है सात्विक जीवन बिताना, शुभ विचारों से अपने वीर्य का रक्षण करना, ईश्वर का ध्यान करना और विद्या ग्रहण करना। यह वैदिक धर्म वर्णाश्रम का पहला आश्रम भी है, जिसके अनुसार यह जन्म से 25 वर्ष तक की आयु का होता है और इस आश्रम का पालन करते हुए विद्यार्थियों को भावी जीवन के लिये शिक्षा ग्रहण करनी होती है। ब्रह्मचर्य से असाधारण ज्ञान पाया जा सकता है। वैदिक काल और वर्तमान समय के सभी ऋषियों ने इसका अनुसरण करने को कहा है। क्यूँ महत्त्वपूर्ण है ब्रह्मचर्य- हमारी जिंदगी मे जितना ज़रूरी वायु ग्रहण करना है, उतना ही ज़रूरी ब्रह्मचर्य है। आज से हजारों वर्षों के पहले से हमारे ऋषि मुनि ब्रह्मचर्य का तप करते आए हैं क्योंकि इसका पालन करने से हम इस संसार के सर्वसुख की प्राप्ति कर सकते हैं।

इस पर भागवत राय की पत्नी जो कि एक जमींदार परिवार की बेटी थीं, उन्होंने भागवत राय के उद्देश्य और उत्थान में उनका साथ देने का वचन दिया। इस प्रकार उन्होंने एक बार फिर भारतीय नारी के त्याग और बलिदान की परंपरा को सिद्ध कर दिया। वैसे तो भारतीय संस्कृति में नारी शक्ति के अनगिनत त्याग और बलिदान के कारण भारतीय शास्त्रों में भी नारी को देवी के रूप में पूजनीय कहा गया है-

यत्र नार्यस्तु पूज्यन्ते रमन्ते तत्र देवताः।
यत्रैतास्तु न पूज्यन्ते सर्वास्तत्रफलाः क्रियाः।।

अर्थात् जहाँ स्त्रियों की पूजा होती है वहाँ देवता निवास करते हैं और जहाँ स्त्रियों की पूजा नहीं होती है, उनका सम्मान नहीं होता है, वहाँ किये गये समस्त अच्छे कर्म निष्फल हो जाते हैं। माता देवकी ने सोलह कलाओं से पूर्ण श्रीकृष्ण को अवतरित करके भारतीय संस्कृति के लिए माँ के रूप में महान योगदान दिया है। वास्तव में राम और कृष्ण भारतीय संस्कृति के प्राण हैं। माँ यशोदा का भी धाय माँ के रूप में कृष्ण का पालन-पोषण करना और कृष्ण के प्रति उनका अनंत प्रेम और समर्पण किसी से छुपा नहीं है।

महाकवि कालिदास की पत्नी विद्योतमा, यहाँ तक राक्षस राज रावण की पत्नी मन्दोदरी, मेघनाद की पत्नी सुलोचना, धृतराष्ट्र की पत्नी गान्धारी और तुलसीदास की पत्नी रत्नावली का नाम ऐसी ही पतिव्रता नारियों और शिक्षिकाओं के रूप में योगदान के लिये प्रसिद्ध है। महाभारत में धृतराष्ट्र की पत्नी गान्धारी का त्याग विलक्षण और अद्वितीय है जो पति के अंधे होने की वजह से खुद को आँख होते हुए भी अंधी की तरह जीवन व्यतीत करती है, यह जग जाहीर है।

तुलसीदास की पत्नी रत्नावली ने पति की शिक्षिका बनकर, मोह माया और खुद के रूप की आशक्ति में फँसे अपने पति को ईश्वर का रास्ता दिखाया और उन्हीं की प्रेरणा से तुलसीदास ने एक महान महाकाव्य रामचरितमानस की रचना कर डाली। हिन्दी (अवधी) भाषा में रचित तुलसीदास का रामचरितमानस न होता तो आज रामायण घर-घर और जन-जन की जिह्वा तक न पहुँच पाता। नारी शक्ति ने माता, पतिव्रत पत्नी, महान बेटी, वीरांगना, स्वामीभक्त, वेदों की अनुवादिका और सूक्तों की रचनाकर, विदुषी, और शिक्षिका सभी रूपों में भारतीय संस्कृति के संवर्धन, सरंक्षण और अगली पीढ़ियों के हस्तांतरण में अनन्त प्रकार से योगदान दिया है।

स्वामी विवेकानंद के गुरु रामकृष्ण परमहंस की पत्नी माँ शारदा ने कठोर ब्रह्मचर्य का पालन करके दुनिया को बताया कि भारतीय संस्कृति ऐसी महान तपस्विनियों को जन्म देती है जो पति के साथ गृहस्थ धर्म निभाते हुए भी आजीवन ब्रह्मचर्य व्रत का पालन कर सकती हैं। माँ-शारदा के पति राम कृष्ण परमहंस उन्हें षोडशोपचार द्वारा देवी के रूप में पूजते थे। पति की तपस्या में सहयोग करने के लिए आजीवन ब्रह्मचर्य का पालन करने वाली मां शारदा महिलाओं को ब्रह्मचर्य पालन की प्रेरणा आज भी दे रही हैं। नारी सेवा और त्याग की मूर्ति है।

स्त्री पृथ्वी की भांति धैर्यवान है, शांति सम्पन्न है, सहिष्णु है। पुरुष में नारी के गुण आ जाते हैं तो वह महात्मा बन जाता है और वहीं नारी में पुरुष के गुण आ जाते हैं तो वह कुलटा हो जाती है। नारी के पास देने के लिए दया है, श्रद्धा है, त्याग है। पुरुष के पास दान देने के लिए क्या है? वह अधिकार के लिए हिंसा करता है, संग्राम करता है, कलह करता है। 'अधिकार' के नाम पर सदा हिंसा का सहारा लेते आ रहे हैं और उसको पराक्रम की संज्ञा देते हुए अपने को गौरवान्वित महसूस करते हैं।

स्वामी दयानंद की माता यशोदा बाई, स्वामी विवेकानंद की माता भुवनेश्वरी देवी, लव-कुश की माता सीता, आदरणीय नरेंद्र मोदी जी की माताजी हीराबेन आदि ने इस भारत को महान वीर और धर्मनिष्ठ पुत्र देकर भारतीय संस्कृति और भारतीय सनातन मूल्यों के सरंक्षण में अपना अमूल्य योगदान दिया है। इन दिव्य माताओं की शिक्षा प्राप्त करके इनके पुत्रों ने ना केवल भारतीय संस्कृति के संरक्षण में अपना अमूल्य योगदान दिया है, बल्कि भारतीय संस्कृति और भारतीय जीवन दर्शन से पूरी दुनिया को परिचित भी कराया है।

पत्नी के रूप में नारी शक्ति का योगदान

अपने पति के प्रति एकनिष्ठ और पूर्ण समर्पण के कारण ही भारतीय समाज में स्त्री पति की अर्धांगिनी कहलाती है। अर्धांगिनी का अर्थ है कि पति और पत्नी अलग-अलग अपूर्ण हैं, दोनों मिलकर ही एक पूर्ण मनुष्य हैं। नारी अपने कार्य कौशल से घर में ममता की धारा प्रवाहित करने के साथ ही अपने पति की परम मित्र व सहयोगिनी होती है। भारतीय नारी का उदात्त चरित्र और पतिव्रत धर्म उसकी विशेषता रही है। भारतीय नारियों में हजारों ऐसे उदाहरण हैं जिसमें

उन्होंने एक आदर्श पत्नी के रूप में अपने संस्कारों से सत्य मार्ग पर चलते हुए अपने पतिव्रत धर्म की शक्ति से दुनियाभर को हतप्रभ किया है। अपने सतीत्व और धर्म के कारण सीता, सावित्री, उर्मिला, मंदोदरी, पांचाली, तारावती, अनुसूइया आदि महान नारियां भारतीय समाज का दर्पण हैं।

वहीं पश्चिमी देशों में एक ही स्त्री कई-कई पुरुषों से विवाह कर लेती हैं, वहां के परिवार बातों ही बातों में टूट कर बिखर जाते हैं। जहाँ पश्चिमी देशों में विवाह केवल दो शरीरों का गठबंधन और भोग का माध्यम समझा जाता है, वहीं भारतीय नारियों ने विवाह को आत्मा का बंधन और सात जन्म के बंधन के रूप में स्थापित किया है। भारतीय नारियों ने दुनिया को सिखाया है कि पति और पत्नी दो शरीर किन्तु एक आत्मा है जो कि सात जन्मों तक भी अलग नहीं हो सकते और विवाह भोग विलास का माध्यम न होकर सृष्टि रचना का धर्म है, जिससे पति पत्नी का लक्ष्य सदाचारी सन्तति मानवता को समर्पित करके मोक्ष प्राप्ति ही है। ऐसी ही पतिव्रता नारियों में सावित्री का नाम आता है जिसने अपने सतीत्व और पतिव्रत धर्म की शक्ति से यमराज से अपने पति सत्यवान के प्राण तक लौटा लिए थे। इसी प्रकार भारद्वाज मुनि की कन्या परम सती श्रुतिवती थी, जिन्होंने कठोर तपस्या के बाद इंद्र को पति के रूप में प्राप्त किया। यहाँ तक की राक्षस राज रावण की पटरानी मंदोदरी भी लज्जा और विनय की देवी थी। उन्होंने सदैव अपने पति को बुरे मार्ग पर चलने से रोका, किंतु उनकी निष्ठा पति चरणों में ही रही। सत्यवादी राजा हरिश्चंद्र की पत्नी तारावती ने भी त्याग और पति निष्ठा में अपने पति के वचनों को पूरा करने के लिए स्वयं को सरे बाजार में बेच दिया था। अत्रि ऋषि की पत्नी महासती अनुसूइया भी दुनिया में धर्मनिष्ठ कर्त्तव्यनिष्ठ और पतिव्रत धर्म की सर्वश्रेष्ठ उपासिकाओं में विख्यात हैं। इसी तरह माता सीता का नाम आज भी महान पतिव्रता के प्रमाण के रूप में लिया जाता है।

इसी प्रकार भागवत राय की पत्नी कुंवरी मुलाल जी का नाम भी भारतीय नारी के त्याग के रूप में सामने आता है। उन्होंने अपने पति के सपनों के लिए अपने सपनों की बलि चढ़ा दी और पति के रहते हुए भी एक तपस्वी की तरह जीवन व्यतीत किया एवं अपने पति के सपनों को पूरा करने में योगदान देने लगीं। वक़्त दर वक़्त भागवत राय ने हमेशा अपनी पत्नी के सम्मान और अधिकार के लिए आवाज़ उठाई और परिवार में उन्हें उचित स्थान दिलाया। भागवत राय के देहावसान के बाद उनकी पत्नी का पूरा ख्याल स्व. देवदत्त राय ने रखा तथा

उनके हितों के लिए हमेशा आवाज़ उठाई। देवदत्त राय उनके इस आचरण से बहुत प्रसन्न रहते थे और खुद को उनका ऋणी मानते थे, इसी ऋण से उऋण होने के लिए अपने सबसे प्रिय पौत्र एवं लेखक के पिता कमलेश राय की शादी उसी शेरपुर गाजीपुर के जमींदार परिवार में की और अपनी तरफ से उनके ऋण से मुक्त हो गए।

❑

प्राणायाम के आयाम, भागवत राय और एलिफेंट ऐक्ट

श्रुति द्वारा भागवत राय के गाँव के समकालीन लोगों से ये सुनने को मिलता था कि महाभारत युद्ध के कुरुक्षेत्र के मैदान में अश्वत्थामा (हाथी) को महाबली भीम द्वारा गेंद की तरह उठाकर पटक कर मार डालने की घटना से भागवत राय बहुत प्रेरित होते थे। क्योंकि परिवार का माहौल बहुत ही सात्विक था। घर के बगल में ही बहुत सिद्ध संत परिवार द्वारा निर्मित मंदिर एवं मठियां में रहते थे एवं अपनी साधना करते थे। बताते हैं कि वो पूज्य महात्मा ने कई वर्षों तक एक पैर पर उसी जगह पर साधना की। भागवत राय पर उनका विशेष अनुग्रह था। भागवत राय भी अपनी नित्य व्यायाम दिनचर्या के बाद उनकी चरण सेवा में पाये जाते थे। सिद्ध महात्मा के संसर्ग के असर से उन्होंने प्राणायाम की बारीकियों को समझा और प्राणायाम की सिद्धियों की वजह से एक दिन वो हाथी जैसे विशाल जानवर पर काबू पा लेते हैं, बाद में उसी हाथी को अपना दोस्त बना लेते हैं और उसको अपने सीने पर चढ़ा लेते हैं, यह बात जग जाहिर है। इसी दुर्लभ प्रयोग ने उन्हें महानायक बना दिया। यह वो कैसे कर पाए, इस बात की पुष्टि एस. मजूमदार की पुस्तक "Strong Man Over The years" 1942 से होती है। इस पुस्तक में इसका ज़िक्र है कि ये शक्तियाँ उनको प्राणायाम से ही प्राप्त हुई थीं। उनके चाचा स्व. देवदत्त राय के अथक प्रयास से परिवार ने उनके लिए एक सर्कस कम्पनी का निर्माण 1925 में किया। जिसका विस्तृत वर्णन आगे के अध्याय में है।

यहाँ एक और चमत्कारिक घटना का ज़िक्र करना लाज़मी प्रतीत होता है। वहीं लगभग 400 वर्ष पुराना मंदिर जुलाई, 2018 में रात को करीब 2 बजे जमींदोज हो गया। बिना किसी को कोई क्षति पहुंचाए। मंदिर ऐसे झुका था कि बहुत

ज़्यादा क्षति होने का अनुमान था पर ऐसा भगवान शिव की कृपा से नहीं हुआ और कोई हानि नहीं हुई। वहाँ एक और चमत्कारी घटना हुई। पत्थर से बने भव्य मंदिर में भगवान (शिवलिंग) के बगल में कांच का बिजली का बल्ब मलबे से सुरक्षित निकला। जो उस स्थान के अत्यंत ऊर्जावान होने को प्रमाणित करता है। भगवान शिव की महिमा से लेखक के पिता और पहलवान साहेब के बाद स्व. देवदत्त राय के पौत्र उनके विशेष अनुकंपापात्र श्री कमलेश राय और बड़े भाई श्री पंकज राय की अगुवाई में 9 महीने के अंदर उससे भी भव्य मंदिर का पुनर्निर्माण होना एक और दुर्लभ घटना है। ऐसा शास्त्र कहते हैं कि नए मंदिर से कई गुणा अधिक फल मंदिर के जीर्णोद्धार या पुनर्निर्माण से मिलता है। यह भगवान शिव एवं उन दिव्य आत्माओं के प्रसाद का फल ही है।

(नए मंदिर का चित्र)

यहाँ तुलसीदास जी द्वारा रामचरितमानस के सुंदर कांड की वो पंक्तिया याद आती हैं-

अब मोहि भा भरोस हनुमंता।
बिनु हरिकृपा मिलहिं नहिं संता।।

हनुमानजी ने एक ही मुलाकात में विभीषण को भी ढाढ़स बँधाया, स्नेहभरी सांत्वना दी और प्रभु की महानता के प्रति अहोभाव से भर दिया। भक्ति व सत्संग का मौका प्रभु की मर्जी से मिलता है। भाग्यशाली व्यक्ति ही सत्संग में शरीक होते हैं। प्रभु की इच्छा के बिना आप सत्संग में शामिल नहीं हो सकते हैं। प्रभु की कृपा से ही उत्तम संत मिलते हैं। बताते हैं कि उन महात्मा का भागवत राय जी पर विशेष अनुराग था। वहीं से उनके जीवन में आमूल चूल परिवर्तन हुआ और इसी कारण से उन्होनें बहुत सारे अत्यंत दुर्लभ कार्यो को अंजाम दिया, जो आम इंसान कभी सोच भी नहीं पाता है।

यहाँ भारतीय संस्कृति के मूल योग एवं प्राणायाम, जो एक दूसरे के पूरक हैं, के महत्त्व की चर्चा करना प्रांसगिक जान पड़ता है। जैसा कि आप सबको विदित है कि योग की शक्तियों को जगाने में हमारी सरकारें खासतौर पर अपने देश के यशस्वी प्रधानमंत्री आदरणीय श्री नरेंद्र मोदी जी तथा बाबा रामदेव ने बहुत योगदान दिया है और विश्वस्तर पर योग को पुनः स्थापित किया और जिसके परिणामस्वरूप 21 जून को अब अंतर्राष्ट्रीय योग दिवस के रूप में मनाया जाता है। यहाँ अंतर्राष्ट्रीय योग दिवस का एक मेरा संस्मरण है। जब मैं मध्यप्रदेश का क्षेत्रीय पासपोर्ट अधिकारी था, तो भोपाल स्थित एक मेडिकल कॉलेज में मुझे मुख्य अथिति के रूप में योग दिवस के अवसर पर आमंत्रित किया था। योग दिवस के अवसर पर मेरे विचार स्वतः इस प्रकार जागे कि सभी डाक्टरों एवं छात्रों के बीच ऐसी प्रेरणा हुई कि योग की अलग ही गणित व्याख्या क्यों न की जाए। योग को गणित में जोड़ना कहा जाता है। अर्थात आप में अगर कुछ जुड़ेगा तो आप का निश्चित रूप से मान बढ़ेगा। अतः योग एक ऐसी वैज्ञानिक पद्धति है जो आपमें कुछ जोड़ेगी ही, घटाएगी नहीं। यह हमारे ऋषियों की परंपरा कितनी वैज्ञानिक है, आप इसी से इसका अनुमान लगा सकते हैं। वैसे ही प्राणायाम दो शब्दों के योग से बना है- (प्राण+आयाम) पहला शब्द "प्राण" है दूसरा "आयाम"। प्राण का अर्थ जो हमें शक्ति देता है या बल देता है। आयाम

का अर्थ जानने के लिये इसका संधि विच्छेद करना होगा क्योंकि यह दो शब्दों के योग (आ+याम) से बना है। इसमें मूल शब्द "याम" है 'आ' उपसर्ग लगा है। याम का अर्थ 'गमन' होता है और "आ" उपसर्ग 'उलटा' के अर्थ में प्रयोग किया गया है अर्थात आयाम का अर्थ उलटा गमन होता है। अतः प्राणायाम में आयाम को 'उलटा गमन' के अर्थ में प्रयोग किया गया है। इस प्रकार प्राणायाम का अर्थ 'प्राण का उलटा गमन' होता है। यहाँ यह ध्यान देने की बात है कि प्राणायाम प्राण के उलटा गमन के विशेष क्रिया की संज्ञा है न कि उसका परिणाम। अर्थात प्राणायाम शब्द से प्राण के विशेष क्रिया का बोध होना चाहिये। प्राणायाम के बारे में बहुत से ऋषियों ने अपने-अपने ढंग से कहा है लेकिन सभी के भाव एक ही हैं। जैसे पतंजलि का प्राणायाम सूत्र एवं गीता का प्राणायाम सूत्र, जिसमें पतंजलि का प्राणायाम सूत्र महत्त्वपूर्ण माना जाता है, जो इस प्रकार है-

तस्मिन सति श्वासप्रश्वासयोर्गतिविच्छेदः प्राणायामः॥

अर्थात श्वास प्रश्वास के गति को अलग करना प्राणायाम है। इस सूत्र के अनुसार प्राणायाम करने के लिये सबसे पहले सूत्र की सम्यक व्याख्या होनी चाहिये। लेकिन पतंजलि के प्राणायाम सूत्र की व्याख्या करने से पहले हमें इस बात का ध्यान देना चाहिये कि पतंजलि ने योग की क्रियाओं एवं उपायों को योगसूत्र नामक पुस्तक में सूत्र रूप से संकलित किया है और जैसा हम सबने पढ़ा है कि सूत्र का अर्थ ही होता है- एक निश्चित नियम जो गणितीय एवं विज्ञान सम्मत हो। यदि सूत्र की सही व्याख्या नहीं हुई तो उत्तर सत्य से दूर एवं परिणाम शून्य होगा।

प्राणायाम प्राण अर्थात् साँस का आयाम यानी दो साँसो के बीच की दूरी को बढ़ाना, श्वास और निःश्वास की गति को नियंत्रित करके रोकने व निकालने की क्रिया को प्राणायाम कहा जाता है। श्वास को धीमी गति से गहरी खींचकर रोकना व बाहर निकालना प्राणायाम के क्रम में आता है। श्वास खींचने के साथ भावना करें कि प्राण शक्ति, श्रेष्ठता श्वास के द्वारा अंदर खींची जा रही है, छोड़ते समय यह भावना करें कि हमारे दुर्गुण, दुष्प्रवृत्तियाँ, बुरे विचार प्रश्वास के साथ बाहर निकल रहे हैं। हम साँस लेते हैं तो सिर्फ़ हवा नहीं खींचते, उसके साथ ब्रह्माण्ड की सारी ऊर्जा को उसमें खींचते हैं। अब आपको लगेगा कि सिर्फ़ साँस खींचने से ऐसा कैसा होगा? हम जो साँस फेफड़ों में खींचते हैं, वो सिर्फ़ साँस

नहीं रहती, उसमें सारे ब्रह्माण्ड की ऊर्जा समायी रहती है। मान लीजिये जो साँस आपके पूरे शरीर को चलाना जानती है, वो आपके शरीर को दुरुस्त करने की भी ताकत रखती है।

पृथ्वी पर जीवन का मूल आधार सर्वप्रथम वायु को दिया जाता है। जिसके द्वारा पेड़, पौधे, पशु, पक्षी, इन्सान तथा सभी जीवित प्राणी जीवन प्राप्त करते हैं। वायु से प्राप्त ऑक्सीजन के द्वारा ही इन्सान का जीवन सुचारू रूप से क्रियाशील है अन्यथा एक मिनट के सीमित समय में ऑक्सीजन प्राप्त ना होने पर इन्सान मृत्यु को प्राप्त हो जाता है। इसलिए वायु के बग़ैर जीवन की कल्पना करना भी कठिन कार्य है। इन्सान के मस्तिक को भी ऑक्सीजन की पूर्ति ना होने पर वह कार्य करना बंद कर देता है तथा इन्सान कोमा के कारण बेहोश मरणासन्न अवस्था में जीवित रह जाता है। इसी वजह से हमारे जीवन में वायु की महत्त्वपूर्ण भूमिका होती है। अगर इस संसार में वायु नहीं होती तो मनुष्य तो क्या कुछ भी पनपना नामुमकिन था और आप सभी को तो पता ही होगा कि पृथ्वी ही एक मात्र ऐसा ग्रह है जहाँ पर वायु है और जिस पर जीवन संभव है। प्राणायाम गायत्री महामंत्र के उच्चारण के साथ किया जाना चाहिये–

ॐ भूर्भुवः स्वः तत्सवितुर्वरेण्यं।
भर्गो देवस्य धीमहि धियो यो नः प्रचोदयात्॥

उस प्राणस्वरूप, दुःखनाशक, सुखस्वरूप, श्रेष्ठ, तेजस्वी, पापनाशक, देवस्वरूप परमात्मा को हम अपनी अन्तरात्मा में धारण करें। वह परमात्मा हमारी बुद्धि को सन्मार्ग में प्रेरित करें। गायत्री मंत्र का नियमित रूप से जप करने से व्यक्ति के आसपास नकारात्मक शक्तियाँ बिलकुल नहीं आती हैं। जप से कई प्रकार के लाभ होते हैं, व्यक्ति का तेज बढ़ता है और मानसिक चिंताओं से मुक्ति मिलती है। बौद्धिक क्षमता और मेधाशक्ति यानी स्मरणशक्ति बढ़ती है। प्राणायाम का योग में बहुत महत्त्व है। आदि शंकराचार्य श्वेताश्वतर उपनिषद पर अपने भाष्य में कहते हैं, "प्राणायाम के द्वारा जिस मन का मैल धुल गया है, वही मन ब्रह्म में स्थिर होता है।" इसलिए शास्त्रों में प्राणायाम के विषय में उल्लेख है।

स्वामी विवेकानंद इस विषय में अपना मत व्यक्त करते हैं और कहते हैं– "इस प्राणायाम में सिद्ध होने पर हमारे लिए मानो अनंत शक्ति का द्वार खुल जाता है। मान लो, किसी व्यक्ति की समझ में यह प्राण का विषय पूरी तरह आ गया और

वह उस पर विजय प्राप्त करने में भी कृतकार्य हो गया, तो फिर संसार में ऐसी कौन-सी शक्ति है, जो उसके अधिकार में न आए?"

उसकी आज्ञा से चन्द्र-सूर्य अपनी जगह से हिलने लगते हैं, क्षुद्रतम परमाणु से वृहत्तम सूर्य तक सभी उसके वशीभूत हो जाते हैं, क्योंकि उसने प्राण को जीत लिया है। प्रकृति को वशीभूत करने की शक्ति प्राप्त करना ही प्राणायाम की साध ना का लक्ष्य है। इसके जीते जागते उदाहरण थे भागवत राय पहलवान साहेब। हाथी सिने पर चढ़े हालात में प्राणायाम की शक्तियों द्वारा उपस्थित जन समूह को सम्बोधित करना प्राणायाम की शक्तियों का प्रत्यक्ष प्रमाण है।

हठयोग

उसी पुस्तक में दक्षिण भारत के प्रसिद्ध पहलवान स्व. राम मूर्ति नायडू जिनको भी बाद में प्रोफेसर की पदवी दी गयी थी, उन्होंने अपने साक्षात्कार में अपनी शक्तियों का स्रोत हठयोग को बताया है। यह स्पष्ट हो जाता है कि हमारी योग परम्परा कितनी समृद्ध है और ज्ञान एवं शक्ति के भंडार से ओत प्रोत है। इस प्रकार शक्ति के संवर्धन में योग का दूसरा महत्त्वपूर्ण आयाम है हठयोग। चित्तवृत्तियों के प्रवाह को संसार की ओर जाने से रोककर अंतर्मुखी करने की एक प्राचीन भारतीय साधना पद्धति है, जिसमें प्रसुप्त कुंडलिनी को जाग्रत कर नाड़ी मार्ग से ऊपर उठाने का प्रयास किया जाता है और विभिन्न चक्रों में स्थिर करते हुए उसे शीर्षस्थ सहस्रार चक्र तक ले जाया जाता है। हठयोग प्रदीपिका इसका प्रमुख ग्रंथ है। हठयोग, योग के कई प्रकारों में से एक है। योग के अन्य प्रकार ये हैं-

1. मंत्रयोग।
2. लययोग।
3. राजयोग।

हठयोग के आविर्भाव के बाद प्राचीन 'अष्टांग योग' को 'राजयोग' की संज्ञा दे दी गई।

हठयोग साधना की मुख्य धारा शैव रही है। यह सिद्धों और बाद में नाथों द्वारा अपनाया गया। पूज्य आचार्य मत्स्येन्द्र नाथ तथा पूज्य आचार्य गोरखनाथ उसके प्रमुख आचार्य माने गए हैं। गोरखनाथ के अनुयायी प्रमुख रूप से हठयोग की साधना करते थे। उन्हें नाथ योगी भी कहा जाता है। आज उत्तर प्रदेश के हमारे

यशस्वी मुख्यमंत्री परम योगी आदित्यनाथ जी इसी परम्परा के अनुयायी हैं। शैव धारा के अतिरिक्त बौद्धों ने भी हठयोग की पद्धति अपनायी थी। इस योग का महत्त्व वर्तमान काल में उतना ही है, जितना पहले था।

हठयोग भी एक पूर्ण वैज्ञानिक प्रक्रिया है, साधना के क्षेत्र में हठयोग शब्द का यह अर्थ बीज वर्ण ह और ठ को मिलाकर बनाया हुआ शब्द के अर्थ में प्रयुक्त किया जाता है। जिसमें ह या हं तथा ठ या ठं (ज्ञ) के अनेकों अर्थ किये जाते हैं। उदाहरणार्थ ह से पिंगला नाड़ी दाहिनी नासिका (सूर्य स्वर) तथा ठ से इड़ा नाड़ी बांयी नासिका (चन्द्रस्वर)। इड़ा ऋणात्मक (Negative Energy-) ऊर्जा शक्ति एवं पिगंला धनात्मक (Positive Energy+) ऊर्जा शक्ति का संतुलन है। इन दोनों नासिकाओं के योग या समानता से चलने वाले स्वर या मध्यस्वर या सुषुम्ना नाड़ी में चल रहे प्राण के अर्थ में लिया जाता है। इस प्रकार ह और ठ का योग प्राणों के आयाम से अर्थ रखता है। इस प्रकार प्राणायाम प्रक्रिया ही ह और ठ का योग अर्थात हठयोग है, जो कि सम्पूर्ण शरीर की जड़ता को सप्रयास दूर करता है। प्राण की अधिकता नाड़ी चक्रों को सबल एवं चैतन्य युक्त बनाती है और व्यक्ति की विभिन्न शारीरिक, बौद्धिक एवं आत्मिक शक्तियों का विकास करती है।

स्थूल रूप से हठ योग अथवा प्राणायाम क्रिया तीन भागों में पूरी की जाती है-

- **रेचक-** अर्थात श्वास को सप्रयास बाहर छोड़ना।
- **पूरक-** अर्थात श्वास को सप्रयास अन्दर खींचना।
- **कुम्भक-** अर्थात श्वास को सप्रयास रोके रखना।

कुम्भक दो प्रकार से संभव है-

(अ) **बर्हिःकुम्भक-** अर्थात श्वास को बाहर निकालकर बाहर ही रोके रखना।

(ब) **अन्तःकुम्भक-** अर्थात श्वास को अन्दर खींचकर श्वास को अन्दर ही रोके रखना।

इस प्रकार सप्रयास प्राणों को अपने नियंत्रण से गति देना हठयोग है, भागवत राय को इन गूढ़ रहस्यों का ज्ञान था तभी तो उनके अंदर दैविक शक्तियां विद्यमान थीं।

भारतवर्ष के इतिहास, पुराण एवं महाकाव्यों में मल्ल विद्या के बहुत उल्लेख मिलते हैं। मल्ल विद्या में शारीरिक बल और बुद्धि कौशल दोनों की आवश्यकता पड़ती है। केवल एक अपर्याप्त है। बल और बुद्धि के समन्वित रूप महावीर हनुमान मल्ल विद्या के आदर्श हैं। उनके लिए ऐसा कहा गया है-

"अतुलित बलधामं हेमशैलाभ देहं दनुजवनकृशानु ज्ञानीनामग्रगण्यम्।"

यहाँ हमें ये भी ध्यान आता है कि शक्ति के अतुल्य रूप हनुमान जी और कुंती पुत्र भीम दोनों ही वायु देव की संतान है। अतः शक्ति का असली स्वरूप तो वायु देव ही हैं। प्रकृति में पांच तत्त्व हैं, वायु भी उनमें से एक है। पृथ्वी, जल, अग्नि और आकाश तथा वायु सभी मनुष्यों और जीवों का लिए बहुत ही ज़रूरी है। वायु के महत्त्व का अनुमान हम ऐसे ही लगा सकते हैं कि मनुष्य भोजन के बिना कई दिनों तक जीवित रह सकता है लेकिन जब मनुष्य को वायु नहीं मिलेगी तो उसका जीवित रहना मुश्किल है। वायु विभिन्न गैसों का मिश्रण है। जिसमें नाइट्रोजन की मात्रा सर्वाधिक लगभग तीन चौथाई और उसके बाद ऑक्सीजन तथा कार्बन डाइऑक्साइड पाया जाता है तथा शेष अन्य गैसें होती हैं। आज के युग में वायुमंडल में प्रदूषण के कारण हर साल लाखों जानें और करोड़ों रुपयों के मूल्य का खाद्यान्न नष्ट हो जाता है। हमें अपने वायु मण्डल को भी बचाना है।

भागवत राय और एलिफेंट ऐक्ट

हमारी पौराणिक कथाएं शारीरिक बल एवं मल्लयुद्ध के आख्यानों से भरी पड़ी हैं और तो और भगवान् कृष्ण भी मल्ल विद्या के अन्यतम उदाहरण हैं। भगवान कृष्ण के बड़े भाई दाऊ जी बहुत बड़े बलवान एवं मल्ल विद्या के माहिर थे और दुर्योधन एवं भीम को भी शिक्षा दी थी। मथुरापति कंस द्वारा उनके वध के उद्देश्य से आयोजित धनुष यज्ञ में उनके द्वारा कुवलयापीड़ हाथी, चाणूर जैसे योद्धा मल्ल में तो मारे ही गए स्वयं कंस को भी पटककर मार डाला। इसी कारण कृष्ण का एक विशेषण 'मल्लहरि' भी है। तब श्रीकृष्ण की उम्र बारह वर्ष की ही थी। हिडिम्ब जैसे बलवान राक्षस, मगध राज जरासंध जैसे मल्ल और महाभारत युद्ध के कुरुक्षेत्र के मैदान में अश्वत्थामा हाथी को भीम ने गेंद की तरह उठाकर पटक कर मार डाला था। साहित्य में ऐसे अन्य महाबलियों के नाम भी उपलब्ध हैं जो

अपने बल और पराक्रम के लिए आज शताब्दियों बाद भी गर्व से याद किये जाते हैं। वैसे ही बलवान भागवत राय भी थे। उनको भी अंग्रेज़ों ने कलयुग के भीम और अपने समय के हनुमान नामक उपाधियों से सुशोभित किया।

कहने और सुनने में कितना आसान प्रतीत होता है एलिफेंट ऐक्ट। नाम से विदित होता है कि हाथी कला या हाथी के ऊपर कला या हाथी की चित्रकारी। यह विषय काफी रोचकप्रतीत होता है और है भी। एस मजूमदार की पुस्तक में हाथी के साथ करतब दिखाने वाले केवल 2-3 पहलवानों का ज़िक्र मिलता है, उसमें भी भागवत राय का करतब सबसे अलग था। उसके पहले दुनिया में हाथी के साथ ऐसे करतब का उदाहरण नहीं मिलता। जैसा कि आज हम सब भूमंडलीकरण के दौर में जी रहे हैं। इन्टरनेट पर सारी जानकारी आज के नए युग के गुरु गूगल गुरु से लगभग मिल जाती है।

मैंने भी एलिफेंट ऐक्ट के बारे में आज के गुरु से जानना चाहा तो कुछ जानकारियाँ मिलीं जिसमें हाथी जैसा पहले बताया गया, कहीं पेंटिंग मिली तो कहीं सर्कस में हाथी साइकिल चलाते हुए पाया गया, तो कहीं हाथी अपने सूंड पर खड़ा मिला। आप सबको विदित है कि हाथी बहुत ही होशियार जानवर होते हैं और मनुष्य के नजदीक भी पाए जाते हैं। पुराने जमाने में ऐसे हाथियों के बहुत उदाहरण विद्यमान हैं। राजा महाराजाओं की हाथियों की अलग टुकड़ी होती थी। उस समय में क्रेन की कोई सुविधा नहीं थी, प्रशिक्षित हथियों से ही ये काम कराया जाता था।

सर्कस विषय पर थोड़ा अनुसन्धान करने के बाद ऊपर दर्शाए हुए चित्र प्राप्त हुए। प्रस्तुत चित्रों के अवलोकन से ज्ञात होता है कि इनमें हाथी की ही विशेषता परिलक्षित होती है न कि करतब बाजों की।

यही सब बातें स्पष्ट करती हैं कि भागवत राय जी द्वारा प्रस्तुत एलिफेंट एक्ट (करतब) दुनिया के सामने एक प्रकार की अकाल्पनिक या कल्पनातीत चीज रही होगी। इसकी विस्तृत चर्चा आगे अध्याय 11 में की गई है।

यहाँ हमें यह चीज सोचने के लिए विवश करती है कि उन्होंने ऐसा संकल्प कैसे किया होगा और उसको मूर्त रूप कैसे दिया होगा। अगर इस बात का स्वतंत्र मूल्यांकन करें तो इस निष्कर्ष पर पहुंचते हैं कि इस करतब को करने के पीछे कुछ दिव्य सोच या पूर्व जन्म के कुछ संस्कार एवं परिवार की भूमिका रही होगी। अन्यथा इस प्रकार के कार्यों की कल्पना भी आजतक संभवत: किसी पौराणिक ग्रन्थ या कहानी में भी नहीं पाई जाती है। आज की पीढ़ियों के लिए तो अकल्पनीय है ही।

एलिफेंट ऐक्ट वो भी जीवित हाथी न कि हाथी का पुतला, से करतब कराना कितना चमत्कारिक है। एक हाथी सामने आ जाए तो अच्छे अच्छों की बोलती बंद हो जाती है क्योंकि हाथी एक बहुत अद्भुत जानवर होता है। उसको काबू करना और अपने ऊपर चढ़ाना रोमांचित करने वाला क्षण होता होगा। इसकी आज का जन मानस केवल कल्पना ही कर सकता है और अपने आपको कोस ही सकता है कि हम ऐसे जमाने में पैदा क्यों नहीं हुए?

आइये लगे हाथों हाथियों के बारे में कुछ रोचक तथ्यों से रूबरू हो लेते हैं।

हमारी धरती पर हाथी सबसे संवेदनशील प्राणी है। यह मनुष्य से ज़्यादा समझदार और बुद्धिमान माना गया है। इससे भी ज़्यादा संवेदनशील और बुद्धिमान जलचर प्राणी डॉल्फिन को माना जाता है। आईये जानते हैं हाथी के बारे में 10 रहस्य-

1. हिन्दू पौराणिक मान्यताओं के अनुसार हाथियों का जन्म ऐरावत नाम के हाथी से माना जाता है। मतलब यह कि जैसे मनुष्यों के पूर्वज बाबा आदम या स्वयंभु और मनु हैं, उसी तरह हाथियों का पूर्वज ऐरावत है। ऐरावत की उत्पत्ति समुद्र मंथन के समय हुई थी और इसे इंद्र ने अपने पास रख लिया था।

2. हाथी को दुनिया के सभी धर्मों में पवित्र प्राणी माना गया है। इस पशु का संबंध विघ्नहर्ता गणपति जी से है। गणेश जी का मुख हाथी का होने के कारण उनके गजतुंड, गजानन आदि नाम हैं। भारत में अधिकतर मंदिरों के बाहर हाथी की प्रतिमा लगाई जाती है। वास्तु और ज्योतिष के अनुसार भारतीय घरों में भी चांदी, पीतल और लकड़ी का हाथी रखने का प्रचलन है।

3. हिन्दू धर्म में अश्विन मास की पूर्णिमा के दिन गजपूजाविधि व्रत रखा जाता है। सुख-समृद्धि की इच्छा से इस की पूजा करते हैं। इस को पूजना अर्थात गणेश जी को पूजना माना जाता है। यह शुभ शकुन वाला और लक्ष्मी दाता माना गया है।

4. पौराणिक कथा के अनुसार हाथी द्वारा विष्णु स्तुति का वर्णन मिलता है। गजेन्द्र मोक्ष कथा में इसका वर्णन मिलेगा। एक नदी के किनारे गजेन्द्र नामक हाथी का पैर एक मगर ने अपने जबड़ों में पकड़ लिया था। हाथी ने उसके जबड़े से छूटने के लिए विष्णु की स्तुति की। श्री हरि विष्णु ने गजेन्द्र को मगर के ग्राह से छुड़ाया था।

5. गीता में श्री कृष्ण कहते हैं कि हे अर्जुन! मैं हाथियों में ऐरावत हूं।

6. हिंदुस्तान में प्राचीनकाल से ही राजा लोग अपनी सेना में हाथियों को शामिल करते आए हैं। प्राचीन समय में राजाओं के पास इनकी बड़ी-बड़ी सेनाएं रहती थीं, जो शत्रु के दल में घुसकर भयंकर संहार करती थीं।

7. भारत में राष्ट्रीय वन्य जीव बोर्ड (एनबीडब्ल्यूएल) की स्थाई समिति की अक्टूबर, 2010 को हुई बैठक में हाथियों को राष्ट्रीय धरोहर घोषित करने वाले प्रस्ताव को मंजूरी दी गई थी। इसके बाद पर्यावरण मंत्रालय ने उसी वर्ष इस सम्बन्ध में अधिसूचना जारी की थी।

8. हाथी की उम्र लगभग 100 वर्ष से अधिक होती है। हथिनियों में गर्भावस्था 18 से 22 महीने तक की होती है। प्रत्येक मिनट में हाथी 2 से 3 बार ही सांस लेता और छोड़ता है। यह एक ऐसा जानवर है जो कूद नहीं सकता, लेकिन यह लंबे समय तक तैरने की क्षमता रखता है। चींटी हाथी की सूंड में घुंस जाए तो वह मरने की कगार पर पहुंच जाता है, इसीलिए ये फूँक-फूँक कर कदम रखता है।

9. इनकी सूंघने की शक्ति बहुत ही तीव्र होती है। कहते हैं कि एक हाथी पानी की गंध को लगभग 4 से 5 किलोमीटर दूर से ही सूंघ लेता है। इनका दिमाग बहुत तेज होता है। हाथी की स्मृति बहुत ही तेज होती है। यह अपने हर साथी की पहचान कर उसके साथ बिताए हर दिन को याद रखते हैं। हाथी कभी भी आपस में लड़ते झगड़ते नहीं हैं। यह बहुत ही अपवाद स्वरूप होता है। झुंड का कोई हाथी मर जाए तो सभी शोक मनाते हैं।

10. हाथी संसार का सबसे भारी जीव है। एक इंच मोटी चमड़ी वाले का वजन कम से कम 10 हजार किलो तक का हो सकता है। हाथी खड़े-खड़े ही सोते हैं, वह भी दिन में करीब 4 घंटे। हाथी के शरीर का सबसे मुलायम हिस्सा उसके कान के पीछे होता है इसीलिए उसे कान से ही काबू में किया जाता है। सालों पहले हाथियों की 170 प्रजातियां पाई जाती थीं लेकिन अब बहुत कम ही बची हैं- एलिफ्स तथा लॉक्सोडॉण्टा इत्यादि।

❑

आत्म तत्त्व से आत्मदीपोभव

"आत्म दीपोभव" महात्मा बुद्ध का एक महत्त्वपूर्ण विचार है जिसका अर्थ है "अपना दीपक स्वयं बनो"। अर्थात व्यक्ति को अपने जीवन का उद्देश्य या किसी नैतिक/अनैतिक का फैसला स्वयं लेना चाहिये, किसी दूसरे का मुँह नही ताकना चाहिये। इस विचार में निहित है कि बुद्ध हर व्यक्ति की क्षमताओं में विश्वास रखते हैं और यही विश्वास किसी के विकास का मूल में भी होता है। इससे स्पष्ट हो जाता है कि आत्म दीपोभव में ही आत्म तत्त्व तो व्याप्त है। उस तत्त्व की पहचान एक पहेली है जो विरले लोग ही कर पाते हैं।

वैसे आत्म तत्त्व या आत्मा के बारे में हम सब जानते सुनते आ रहे हैं। लगभग सभी धर्म सम्प्रदायों के आध्यात्मिक ग्रंथों तथा आप्त पुरुषों ने आत्मा के अस्तित्त्व को स्वीकारा है।

शंकराचार्य के अनुसार वेदों में कहा गया है कि-

'प्रज्ञानं ब्रह्म' अर्थात ज्ञान ही ब्रह्म है- ऋग्वेद,
'तत्त्वमसि' अर्थात वह ब्रह्म तू ही है- सामवेद,
'ऐयात्मा ब्रह्म' अर्थात यह आत्मा ही ब्रह्म है- अथर्ववेद,
'अहम् ब्रह्मास्मि' अर्थात मैं ब्रह्म हूँ- यजुर्वेद,

यही समझने वाला तथ्य एवं तत्त्व है। आत्मा को ही ब्रह्म कहा गया है। इसकी पहचान कैसे हो तथा यह भी कि प्रत्येक प्राणी के शरीर में व्याप्त आत्मा अजर, अमर, नित्य, अनादि, अविनाशी तथा प्रकाश स्वरूप है। शरीर के मृत हो जाने पर भी यह आत्मा नहीं मरती। आत्मा का अस्तित्त्व बना रहता है। आत्मा (The soul) का विचार सम्भवत: सबसे पहले आर्य ऋषियों के मन में ही आया। उन्होंने अनुभव किया कि जो कुछ भी हमारी दृष्टि में आता है, हम देखते हैं, छूते हैं, सब परिवर्तनशील है। नष्ट हो जाने वाला है। यह आज है, कल नहीं

रहेगा। उन्होंने इन सभी पदार्थों को जड़ कहा। उन्होंने यह भी अनुभव किया कि न तो हम अपनी इच्छा के अनुसार जन्म ले सकते हैं, न मृत्यु को प्राप्त हो सकते हैं। अमरत्व के तो उदाहरण हैं, किन्तु इच्छा मृत्यु महाभारत के भीष्म पितामह के सिवाय किसी और का नहीं सुना जाता। ऐसा क्यों होता है? कौन-सी ऐसी शक्ति है जो हमारे शरीर के अंगों को संचालित करती है। सम्भवतः कोई अदृश्य शक्ति शरीर में विद्यमान है, जो शरीर को गतिशील तथा चैतन्य बनाये रखती है तथा जब वह निकल जाती है तब यद्यपि भौतिक शरीर तो रहता है, परन्तु उसके सभी अंग, सभी इन्द्रियां काम करना बंद कर देती हैं तथा शरीर को मृत कहा जाने लगता है। महर्षि कपिल ने उस अदृश्य शक्ति को 'आत्मा' का नाम दिया तथा आत्मा को एक मूलभूत तत्त्व कहा जो चैतन्य तथा क्रियाशील है। समस्त ब्रह्माण्ड की रचना इन्हीं जड़ तथा चेतन तत्त्वों के संयोग से हुई है।

दक्षिण भारत के प्रसिद्ध संत महर्षि रमण कहते हैं कि यह समस्त संसार ही हमारी निराकार, अपरिवर्तनशील आत्मा का विस्तार है।

अध्यात्मिक ग्रंथों में आत्मा को एक अत्यंत सूक्ष्म, चैतन्य तथा आकाश की भांति व्यापक तत्त्व कहा गया है। जिसके निम्न अंग बताए गए हैं। इनमें पञ्च ज्ञानेन्द्रियाँ जिनसे हम ज्ञान प्राप्त करते हैं जैसे आँख, नाक, कान, जिह्वा तथा त्वचा पञ्च कर्मेन्द्रियाँ जैसे हाथ, पैर, वाणी, लिंग और गुदा। पञ्च प्राण जैसे अपान, व्यान, समान, उदान तथा प्राण, मन और बुद्धि। ऐसा कहा गया है कि आत्मा मनुष्य की जागृत अवस्था में इस स्थूल शरीर में रहते हुए उपर्युक्त अंगों के द्वारा बाहरी जगत से संपर्क साधती है। आत्मा को चैतन्य तथा अजर और अमर कहा गया है और शरीर को जड़, किन्तु शरीर के बिना आत्मा पंगु है।

श्रीमद्भगवद् गीता में भगवान श्री कृष्ण कहते हैं, "समोहम् सर्व भूतेषु", मैं सभी जीवधारियों में समान रूप से व्याप्त हूँ।

इसको सामान्य भाषा में समझा जा सकता है। जैसे बिजली तो सभी के घरों में समान होती है, किन्तु प्रकाश सबके यहाँ अलग-अलग है, ऐसा क्यूँ? क्योंकि सबने बल्ब अलग-अलग क्षमता का लगा रखा है। यही क्षमता अपने को विकसित करनी पड़ती है। हमारी कहानी के हीरो ने भी हजारों वाट का बल्ब लगा रखा था और अपने आत्मतत्त्व को प्रेरित किया। जिसका आज पूरी दुनिया लोहा मानती है और उनका इतिहास आज तक कोई दोहरा नहीं पाया।

ब्रह्मसूत्र (वेदांत दर्शन) में कहा गया है कि यह जीवात्मा वास्तव में परमेश्वर का अंश, जीवन मरण से रहित, विज्ञान स्वरूप, नित्य अविनाशी है, इसमें कोई शंका नहीं है। तो भी यह अनादि परम्परागत अपने कर्मों के अनुसार प्राप्त हुए। स्थावर अर्थात वृक्ष, पहाड़ आदि तथा जंगम अर्थात देव, मनुष्य तथा पशु–पक्षी आदि शरीरों के आश्रित हैं।

यदि यह चेतन तत्त्व आत्मा– देव, मनुष्य, पशु–पक्षी, पहाड़ आदि समस्त में व्याप्त है तो फिर समस्त संसार चेतनामय हुआ। फिर जड़ पदार्थ क्या हैं? वास्तव में भूल वहीं होती है जब चैतन्य आत्मा को जड़ से अलग सिद्ध करने की कोशिश होती है। विज्ञान की दृष्टि से सभी पदार्थ ऊर्जा का रूप हैं अतः यह समस्त संसार ही चेतनामय है, जड़ कुछ भी नहीं।

आदि शंकराचार्य ने भी कहा है– न यहाँ कुछ है, न वहाँ कुछ है। जहाँ–जहाँ जाता हूँ न वहाँ कुछ है। विचार करके देखता हूँ तो न जगत ही कुछ है। अपनी आत्मा (चैतन्यता) के ज्ञान के परे कुछ भी नहीं है।

आत्मा के स्वरूप तथा गुण

यदि हम आत्मा के परमाणु से भी सूक्ष्म स्वरूप को समझ सकें तो विज्ञान के नियमों के अंतर्गत उसके अदृश्य, चैतन्य, अविनाशी, प्रकाश स्वरूप का होना जिसमें असीमित ऊर्जा समाहित होती है, भी सरलता से समझ सकते हैं।

कठोपनिषद के प्रथम अध्याय में आत्मा के स्वरूप के बारे में बताते हुए कहा गया है कि प्रकृति पर्यन्त जो भी सूक्ष्मातिसूक्ष्म तत्त्व है, यह आत्म तत्त्व उससे भी सूक्ष्म है। यह इतना सूक्ष्म है कि जब तक इसको समझाने वाला कोई महापुरुष न हो, तब तक मनुष्य का इसे समझ पाना कठिन है।

आत्मा की सूक्ष्मता के सम्बन्ध में श्वेताश्वतर उपनिषद् के अध्याय पांच में कहा गया है कि–

“बालाग्रस्तभागस्य शतभा कल्पितस्य च।
भागो जीवः स विज्ञहएः स चनंत्याय कल्पते।”

अर्थात एक बाल की नोक के हम सौ टुकड़े कर लें, फिर उनमें से एक टुकड़े के पुनः सौ टुकड़े कर लें। उनमें से एक टुकड़ा जितना सूक्ष्म हो सकता है, उसके समान आत्मा का स्वरूप समझना चाहिए। यह कहना भी केवल उसकी सूक्ष्मता

का बोध कराने के लिए ही है। वास्तव में चेतन और सूक्ष्म वस्तु के स्वरूप को जड़ और स्थूल की उपमा से नहीं समझाया सकता। यह माना जाता है कि शरीर पांच तत्त्वों से बना है- मिट्टी, जल, वायु, अग्नि और आकाश। ये हमारे भौतिक शरीर के अवयव हैं। यह भौतिक शरीर स्थूल और नश्वर है। इसके परे एक और शरीर है। इसे जानना ही आत्मतत्त्व को जानना है। इसे कुछ इस प्रकार समझें कि स्वप्न को हमें कौन एहसास कराता है। जीव जब संसार में आता है तब हम क्या होते हैं? हमारा अस्तित्त्व क्यों है? हमारा परिचय क्या है? आदि प्रश्न उसे उद्वेलित करते हैं। परंतु ज्ञान न होने के कारण वह इन प्रश्नों के उत्तर नहीं ढूंढ़ पाता। कालांतर में सांसारिकता में फँसने के कारण इन प्रश्नों का उत्तर खोजना वह भूल जाता है। आत्मा का मूल स्वरूप आनन्द ही तो है। इसलिए संसार में प्रत्येक व्यक्ति अधिक से अधिक सुख और आनंदित होना और दुःख से बचना चाहता है। वह जानता है कि अपनी इच्छा जब तृप्त होती है तब सुख प्राप्त होता है और जब इच्छा की पूर्ति नहीं होती तब दुःख का अनुभव होता है। धन द्वारा इच्छित वस्तु प्राप्त करने में सहायता मिलती है। इसलिए प्रत्येक व्यक्ति धन प्राप्त करने का प्रयत्न करता है। वह समझता है कि संसार में धन द्वारा ही सुख की प्राप्ति होती है। अधिक से अधिक सुख प्राप्त करने के लिए वह अधिक से अधिक धन प्राप्त करने का प्रयत्न करता है। इस धन को प्राप्त करने की चिंता में वह प्रायः यह विचार नहीं करता कि धन किस प्रकार से प्राप्त हो रहा है। इसका परिणाम यह होता है कि धन ऐसे साधनों द्वारा भी प्राप्त किया जाता है जिनसे दूसरों का शोषण होता है, दूसरों को दुःख पहुँचता है। इस प्रकार धन प्राप्त करने के अनेक उदाहरण दिए जा सकते हैं। प्रकृति का यह अटल नियम है कि जो जैसा बोता है उसको वैसा ही काटना पड़ता है। दूसरों का शोषण कर या दुःख पहुँचाकर धन प्राप्त करनेवाले इस नियम को शायद भूल जाते हैं। जो धन दूसरों को दुःख पहुँचाकर प्राप्त होता है उससे अंत में दुःख ही मिलता है। उससे सुख की आशा करना व्यर्थ है। यह सत्य है कि दूसरों को दुःख पहुँचाकर जो धन प्राप्त किया जाता है उससे इच्छित वस्तुएँ प्राप्त की जा सकती है और इन वस्तुओं को प्राप्त करने से सुख मिल सकता है। परंतु यह सुख अस्थायी है और अंत में दुःख का कारण हो जाता है। संसार में ऐसी कई वस्तुएँ हैं जिनका उपयोग करने से तत्काल तो सुख मिलता है, परंतु दीर्घकाल में उनसे दुःख की प्राप्ति होती है। उदाहरणार्थ मादक वस्तुओं के सेवन से तत्काल में तो सुख मिलता

है, परंतु जब उनकी आदत पड़ जाती है तब उनका सेवन अत्यधिक मात्रा में होने लगता है, जिसका स्वास्थ्य पर बुरा प्रभाव पड़ता है। इससे अंत में दुःखी होना पड़ता है। दूसरों को हानि पहुँचाकर जो धन प्राप्त होता है वह निश्चित रूप से बुरी आदतों को बढ़ाता है और कुछ समय तक अस्थायी सुख देकर वह दुःख बढ़ाने का साधन बन जाता है। दूसरों को दुःख देकर प्राप्त किया हुआ धन कभी भी स्थायी सुख और शांति का साधक नहीं हो सकता।

सुख दो प्रकार के हैं। कुछ सुख तो ऐसे हैं जो दूसरों को दुःख पहुँचाकर प्राप्त होते हैं। इनके उदाहरण ऊपर दिए जा चुके हैं। कुछ सुख ऐसे हैं जो दूसरों को सुखी बनाकर प्राप्त होते हैं। वे मनुष्य के मन में शांति उत्पन्न करते हैं। अपना कर्तव्य पालन करने से जो सुख प्राप्त होता है वह भी शांतिप्रद होता है। कर्त्तव्यपालन करते समय जो श्रम करना पड़ता है उससे कुछ कष्ट अवश्य मालूम होता है, परंतु कार्य पूरा होने पर वह दुःख सुख में परिणत हो जाता है और उससे मन में शांति ही उत्पन्न होती है। इस प्रकार का सुख भविष्य में दुःख का साधन नहीं होता है और इस प्रकार के सुख को आनंद कहते हैं। जब आनंद ही आनंद प्राप्त होता है तब दुःख का लेश मात्र भी नहीं रह जाता। ऐसी दशा को परमानंद कहते हैं। परमानंद प्राप्त करना प्रत्येक व्यक्ति का सर्वोत्तम ध्येय है। वही आत्मकल्याण की चरम सीमा है। प्रत्येक मनुष्य का कल्याण इसी में है कि वह परमानंद प्राप्त करने के लिए हमेशा प्रयत्न करता रहे।

जब हम अपने प्रयत्नों द्वारा दूसरों को सुख पहुँचाते हैं और उनके कल्याण के साधन बन जाते हैं, तब प्रकृति के अटल नियम के अनुसार इन्हीं प्रयत्नों द्वारा हमारे कल्याण में भी वृद्धि होने लगती है। आत्मकल्याण प्राप्त करने का सरल उपाय दूसरों के कल्याण का साधन बनना है। इसी प्रकार अपने कार्यों द्वारा किसी को भी दुःख न पहुँचाना अपने दुःख से बचने का सबसे सरल तरीका है। प्रत्येक व्यक्ति को यह अच्छी तरह समझ लेना चाहिए कि उसका सच्चा हितसाधन दूसरों के हितसाधन या परमार्थ द्वारा ही सिद्ध हो सकता है। इससे यह स्पष्ट है कि दूसरों का सुख अर्थात् विश्वकल्याण ही अपने स्थायी सुख और शांति अर्थात् आत्मकल्याण का एकमात्र साधन है। जब प्रत्येक व्यक्ति अपना कल्याण करने के लिए दूसरों के कल्याण का हमेशा प्रयत्न करने लगेगा तब किसी भी तरह से स्वार्थों का विरोध न होगा, संसार में सब प्रकार का संघर्ष दूर हो जाएगा और सर्वत्र सुख और शांति स्थायी रूप से स्थापित हो जाएगी।

आत्मकल्याण के लिए यह आवश्यक है कि प्रत्येक व्यक्ति दूसरों के स्वार्थों को उतना ही महत्त्व दे, जितना वह अपने स्वार्थ को देता है। जैसे वह अपने सुखों को बढ़ाने का प्रयत्न करता है, वैसे ही उसे दूसरों के सुखों को बढ़ाने का भी प्रयत्न करना चाहिए। इसका परिणाम यह होगा कि ऐसे कार्य बंद हो जाएँगे। जिनके कारण दूसरों के दुःखों की वृद्धि होती है। इससे विश्व के जीवों में सुख की निरंतर वृद्धि होने लगेगी और विश्व का कल्याण बढ़ते-बढ़ते चरम सीमा तक पहुँच जाएगा। बिना विश्वकल्याण के किसी भी व्यक्ति का आत्मकल्याण नहीं हो सकता। सच्चा आत्मकल्याण विश्व कल्याण द्वारा ही प्राप्त हो सकता है। आत्मकल्याण ही प्रत्येक व्यक्ति का सर्वोत्तम ध्येय न होकर विश्वकल्याण ही होना चाहिए।

आत्मतत्त्व की पहचान कैसे हो-

कुछ ऐसे लोग भी होते हैं जिनके मस्तिष्क में ये प्रश्न बराबर उठते रहते हैं। यदि पूर्व जन्म के पुण्य उदय हुए और विवेक वान, ज्ञानवान साधक का सान्निध्य मिला तो वह इन प्रश्नों का उत्तर ढूंढ़ ही लेता है। इसके लिए गुरु की आवश्यकता होती है। गुरु ही वह सक्षम व्यक्ति है जो उसे आत्मतत्त्व का ज्ञान करा सकता है। गुरु ही बताता है कि सूक्ष्म शरीर का यात्रा-पथ क्या है। यह जो हमारी श्वास है, वह प्रतिपल, प्रतिक्षण अनवरत चल रही है। यह शुद्ध और निर्विकार तत्त्व है। यह संपूर्ण शरीर में व्याप्त है। इसे ध्यानावस्था में एकांत में बैठकर श्वास की गति पर ध्यान रखते हुए जाना जा सकता है। श्वास का चलना ही जीवन है। इसका रुक जाना मौत है। ध्यानावस्था में बैठने पर मन में अनेक अच्छे-बुरे विचार आते हैं। उनकी परवाह किए बिना जितनी देर तक हम ध्यान में बैठते हैं, उतना ही हमें हमारे प्रश्नों के उत्तर मिलते हैं। अगर हम ध्यान से देखें तो ज्ञात होगा कि जितनी क्रियाएं बाहर चल रही हैं उतनी ही क्रियाएं अंदर भी हो रही हैं। आंतरिक क्रियाएं बाह्य क्रियाओं को प्रेरित करती हैं। शुद्ध मन की क्रियाएं सन्मार्ग पर और अशुद्ध मन की क्रियाएं कुमार्ग पर ले जाती हैं। इस प्रकार मनुष्य की जीवन यात्रा सृष्टि के आदि से चली आ रही है। यह कब तक चलेगी किसी को पता नहीं। हां, इस यात्रा का आनंद वही ले सकता है जिसे आत्मतत्त्व का ज्ञान हो। आत्मज्ञान हो जाने के बाद मनुष्य अपने स्थूल शरीर से अलग भी जीता है। वहां मोह, सुख-दुःख, पाप-पुण्य, स्वर्ग-नर्क कुछ भी नहीं रहता। वह स्वयं सर्वद्रष्टा, सर्वज्ञ और अंतर्यामी हो जाता है।

आइए! लगे हाथों आत्मतत्त्व की पाश्चात्य अवधारणा को जानने का प्रयास करते हैं-

आत्मा के स्वरूप एवं शरीर की संरचना अपने ग्रन्थों से भरपूर पायी जाती है तथा श्रुति के माध्यम से जनमानस में संचारित होती रहती है। भारतीय संस्कृति में इसको श्रद्धा एवं विश्वास से जोड़ दिया गया, जिसकी वजह से आज भी ऐसी मान्यताएं आम आदमी के ज़हन में हैं।

वैसे तो पूरी दुनिया में इस विषय पर चर्चा होती आई है और सभी आत्मा के स्वरूप को मानते हैं। ऐसे बहुत से पाश्चात्य विचारक हुए हैं जिन्होनें इस गूढ़ रहस्य को जानने का प्रयास किया है। पाश्चात्य जगत मान्यताओं से परे विज्ञान एवं तर्क का सहारा लेता है। उनके यहाँ श्रुति और अनुभूति नामक मान्यताओं का अभाव होता है इसलिए इस तत्त्व की पहेली को सुलझाने में वो नाकाम पाये जाते हैं और भारत भूमि की तरफ रुख करते हैं जो अध्यात्म की जननी है। यहाँ आकर वो कहीं मंदिरों तो कहीं घाटों और श्मशानों में भटकते हुए पाए जाते हैं।

यहाँ आगे वर्णित चित्र को आप में से बहुतों ने देखा होगा। इस विषय की चर्चा करते समय मेरे ज़हन में आया कि इस चित्र की बारीकियों को समझने की कोशिश की जाए। यह चित्र प्रथम दृश्यता यह एहसास कराता है कि कलाकार मानव के कुछ गूढ़ रहस्यों के बारे में बताने की कोशिश करता है। जिसमें पाश्चात्य आत्मा के चिंतन और मनुष्य के विकास की अवधारणा महसूस होती है। पश्चिमी देशों में श्रुति जैसी अवधारणा तो है नहीं, जिसको माना जा सके। वहाँ तो तर्क और प्रमाण चाहिए। अपने युग के सबसे रहस्यमय और विवादास्पद होने के नाते, इटली के महान दार्शनिक, कलाकार, वैज्ञानिक लियोनार्डो दा विंची ने कई रहस्यों को पीछे छोड़ दिया। इसका अर्थ अभी भी पूरी दुनिया के वैज्ञानिक मन को चिंतित करता है। इसका अध्ययन सदियों से किया जा रहा है। इन पहेलियों में से एक है विट्रुवियन मैन, जिसके पेंसिल स्केच को सदियों से सावधानीपूर्वक रखा गया है और यद्यपि उसके बारे में बहुत कुछ जाना जाता है, लेकिन कला के क्षेत्र में विशेषज्ञ यह मानते हैं कि महान खोजों का आना अभी भी बाकी है।

यह उनके द्वारा 1492 में बनाया गया था और इसका उद्देश्य एक पांडुलिपि पुस्तक को चित्रित करना था। चित्र में एक अनावृत आदमी है जिसका शरीर एक चक्र और वर्ग में समाहित हुआ है।

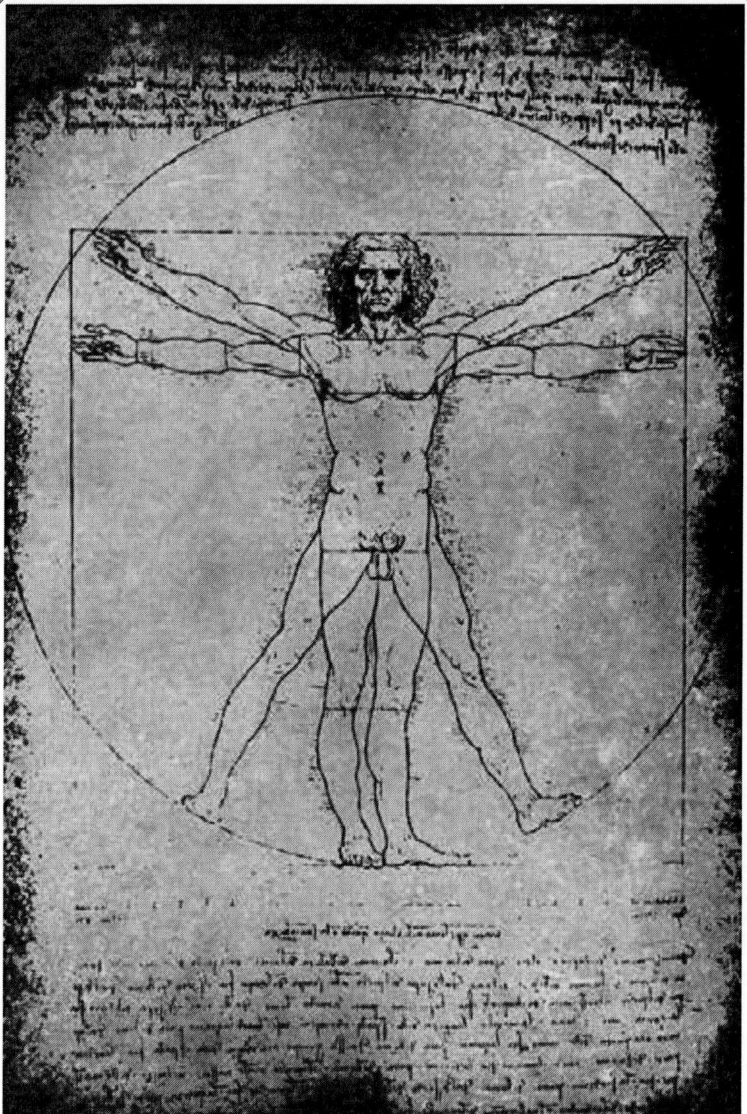

लियोनार्डो दा विंची: विट्रुवियन मैन
(अकादमिक गैलरी, वेनिस, इटली)

चित्र और लिपि को कभी-कभी विहित अनुपात भी कहा जाता है। पैटर्न की जांच करते समय, आप देख सकते हैं कि हाथों और पैरों के संयोजन वास्तव में चार अलग-अलग पोज बनाते हैं। हाथों के साथ एक पोज अलग और बिना पैरों के फैला हुआ एक वर्ग में फिट बैठता है। दूसरी ओर, भुजाओं और पैरों के साथ एक मुद्रा जो चारों ओर फैली हुई है, एक चक्र में फिट होती है और यद्यपि पोज बदलते समय ऐसा लगता है कि आकृति का केंद्र गतिमान है। वास्तव में, आकृति की नाभि, जो इसका वास्तविक केंद्र है, स्थिर बनी हुई है।

लियोनार्डो के हाथ के नोट्स के अनुसार, यह (पुरुष) मानव शरीर के अनुपात को निर्धारित करने के लिए बनाया गया था, जैसा कि प्राचीन रोमन वास्तुकार विट्रुवियन के ग्रंथों में वर्णित है; जिसके लिए लियोनार्डो ने निम्नलिखित स्पष्टीकरण लिखे-

मानव शरीर प्रकृति द्वारा ऐसा बनाया गया है- आदमी की कुल ऊँचाई उसके 24 हथेलियों यानी $(24 \times 4 = 96)$ उँगलियों के बराबर होती है। चेहरा, ठोड़ी से लेकर माथे के शीर्ष तक और बालों की सबसे निचली जड़ तक, शरीर की पूरी ऊँचाई का दसवाँ भाग होती है।

कलाई से मध्य अंगुली की नोक, खुला हाथ के बराबर होती है।

ठोड़ी से मुकुट तक सिर का आठवाँ हिस्सा होता है।

ठोड़ी से नासिका तक पूरा चेहरा का एक तिहाई भाग के बराबर होता है।

पैर की लम्बाई शरीर के छठवें हिस्से के बराबर होती है।

यदि कोई आदमी पीठ के बल लेटा हुआ अपनी भुजाओं और पैर को फैलाए हुए हो और उसके नाभि को केंद्र मानें तो उसके दोनों हाथों और पैरों की उँगलियां एक वृत्त की परिधि को स्पर्श करेंगे।

उसी प्रकार आदमी का सिर से तलुए तक की लम्बाई उसकी दोनों भुजाओं की फैली हुई स्थिति की लम्बाई के बराबर होगी जो एक वर्गाकार आकृति जैसा होगा। सभी दशाओं में नाभि ही चक्र का केंद्र है।

15 वीं शताब्दी में लियोनार्डो दा विंची और अन्य वैज्ञानिकों द्वारा बनाए गए मानव शरीर के गणितीय अनुपात विवरण, इतालवी पुनर्जागरण से पहले महान उपलब्धियों में से एक था। यहाँ हमने इन व्याख्याओं से ये पाया कि विज्ञान और

तर्क में पाश्चात्य जगत उलझ जाता है और मनुष्य की आत्मा के गूढ़ रहस्य को समझ पाने में असमर्थ पाये जाते हैं और भौतिक शारीरिक सुख और सौंदर्य के चक्र से निकल नहीं पाते हैं।

वहीं भारतीय योग परंपरा में मानव शरीर की गणितीय व्याख्या मानें तो इसे चक्रों में भी विभाजित कर परिभाषित किया गया है। ऐसा मान सकते हैं और समझ सकते हैं। भारतीय दर्शन और योग में चक्र प्राण या आत्मिक ऊर्जा के केन्द्र होते हैं। ये नाड़ियों के संगम स्थान भी होते हैं। यूँ तो कई चक्र हैं पर 7 चक्रों को मुख्य माना गया है। यौगिक ग्रन्थों में इन्हें शरीर के कमल भी कहा गया है। प्रमुख चक्रों के नाम इस प्रकार हैं–

मूलाधार चक्र– मेरुदंड के मूल में, सबसे नीचे। उससे ऊपर आने पर क्रम से–

स्वाधिष्ठान चक्र

मणिपुर चक्र

अनाहत चक्र

विशुद्धि चक्र

आज्ञा चक्र

सहस्रार चक्र– कई विद्वान इसे, इसलिए चक्र नहीं मानते कि इसमें इड़ा और पिंगला का प्रभाव नहीं पड़ता।

आयुर्वेद के अनुसार, चक्र की अवधारणा का संबंध पहिए के चक्कर से है। कहते हैं कि चक्र शक्ति केंद्र या ऊर्जा की कुंडली है जो कायिक शरीर के एक बिंदु से निरंतर वृद्धि को प्राप्त होनेवाले फिरकी के आकार की संरचना करती है। सूक्ष्म तत्त्व का घूमता हुआ भंवर ऊर्जा को ग्रहण करने या इसके प्रसार का केंद्र बिंदु है। ऐसा माना जाता है कि सूक्ष्म देह के अंतर्गत सात प्रमुख चक्र या ऊर्जा केंद्र, जिसे प्रकाश चक्र भी माना गया, स्थित होते हैं।

विशिष्ट तौर पर चक्रों का चित्रण किन्हीं दो तरीके से किया जाता है–

फूल की तरह
चक्र की तरह

पहले एक चक्र की परिधि के चारों ओर एक विशेष संख्या में पंखुड़ियों को

दिखाया जाता है। बाद में एक निश्चित संख्या की तिली वृत को कई खंडों में बांटती है जिससे चक्र, पहिया या चक्के के समान बन जाता है। हरेक चक्र में एक विशेष संख्या के खंड या पंखुड़ियाँ होती हैं।

चक्रों के बारे में अधिकतम मूल जानकारियां उपनिषदों से मिलती हैं, इनका समय बताया जाना कठिन है क्योंकि माना जाता है कि लगभग हजारों साल पहले पहली बार 12वीं से 9वीं ईसा पूर्व में इन्हें लिखे जाने से पूर्व वे मौखिक रूप से अस्तित्त्व में थे।

मूलाधार चक्र

मूल चक्र प्रवृत्ति, सुरक्षा, अस्तित्त्व और मानव की मौलिक क्षमता से संबंधित है। यह केंद्र, गुप्तांग और गुदा के बीच अवस्थित होता है। हालांकि यहां कोई अंत:स्रावी अंग नहीं होता। कहा जाता है कि यह जननेंद्रिय और अधिवृक्क मज्जा से जुड़ा होता है और अस्तित्त्व जब खतरे में होता है तो मरने या मारने का दायित्व इसी का होता है। मूलाधार का प्रतीक लाल रंग और चार पंखुड़ियों वाला कमल है। इसका मुख्य विषय काम-वासना, लालसा और सनक में निहित है। शारीरिक रूप से मूलाधार काम-वासना को, मानसिक रूप से स्थायित्व को, भावनात्मक रूप से इंद्रिय सुख को और आध्यात्मिक रूप से सुरक्षा की भावना को नियंत्रित करता है।

स्वाधिष्ठान

स्वाधिष्ठान को आमतौर पर मूत्र तंत्र और अधिवृक्क से संबंधित भी माना जाता है। स्वाधिष्ठान त्रिकास्थि में अवस्थित होता है और अंडाशय के परस्पर मेल से विभिन्न तरह का यौन अंत:स्राव उत्पन्न होता है जो प्रजनन चक्र से जुड़ा होता है। त्रिक चक्र का प्रतीक छह पंखुड़ियों और उससे परस्पर जुदा नारंगी रंग का एक कमल है। स्वाधिष्ठान का मुख्य विषय संबंध, हिंसा, व्यसनों, मौलिक भावनात्मक आवश्यकताएं और सुख है। शारीरिक रूप से स्वाधिष्ठान प्रजनन, मानसिक रूप से रचनात्मकता, भावनात्मक रूप से खुशी और आध्यात्मिक रूप से उत्सुकता को नियंत्रित करता है।

मणिपुर

मणिपुर चयापचय और पाचन तंत्र से संबंधित है। माना जाता है कि मणिपुर

लैंगरहैंस की द्वीपिकाओं से मेल खाता है, जो कि अग्नाशय में और साथ ही बाह्य अधिवृक्क ग्रंथियों और अधिवृक्क में कोशिकाओं का एक समूह है। ये पाचन में, शरीर के लिए खाद्य पदार्थों को ऊर्जा में रूपांतरित करने में महत्त्वपूर्ण भूमिका अदा करती है। इसका प्रतीक दस पंखुड़ियों वाला एक कमल है। मणिपुर से मेल खाता रंग पीला है। मुख्य विषय जो मणिपुर द्वारा नियंत्रित होते हैं, ये विषय है निजी बल, भय, व्याग्रता, मत निर्माण, अंतर्मुखता और सहज या मौलिक से लेकर जटिल भावना तक के परिवर्तन। शारीरिक रूप से मणिपुर पाचन, मानसिक रूप से निजी बल, भावनात्मक रूप से व्यापकता और आध्यात्मिक रूप से सभी उपादानों के विकास को नियंत्रित करता है।

अनाहत

अनाहतपुरी या पद्म-सुंदर बाल्यग्रंथि से संबंधित है, यह सीने में स्थित होता है। बाल्यग्रंथि प्रतिरक्षा प्रणाली का तत्त्व है, इसके साथ ही यह अंत:स्त्रावी तंत्र का भी हिस्सा है। यहां (WBC) श्वेत रक्त कोशिकाएं परिपक्वता को प्राप्त होती हैं। तनाव के प्रतिकूल प्रभाव से भी बचाव का काम करती हैं। अनाहत का प्रतीक बारह पंखुड़ियों का एक कमल है। अनाहत हरे या गुलाबी रंग से संबंधित है। अनाहत से जुड़े मुख्य विषय जटिल भावनाएं, करुणा, सहृदयता, समर्पित प्रेम, संतुलन, अस्वीकृति और कल्याण है। शारीरिक रूप से अनाहत संचालन को नियंत्रित करता है, भावनात्मक रूप से अपने और दूसरों के लिए समर्पित प्रेम, मानसिक रूप से आवेश और आध्यात्मिक रूप से समर्पण को नियंत्रित करता है।

विशुद्ध

विशुद्धि को अभिव्यक्ति के माध्यम से संप्रेषण और विकास के साथ जोड़कर समझा जा सकता है। यह चक्र गलग्रंथि, जो गले में होता है, के समानांतर है और थायरॉयड हार्मोन उत्पन्न करता है। जिससे विकास और परिपक्वता आती है। इसका प्रतीक सोलह पंखुड़ियों वाला कमल है। विशुद्ध की पहचान हल्के या पीलापन लिये हुए नीला या फिरोजी रंग है। यह आत्माभिव्यक्ति और संप्रेषण जैसे विषयों, जैसा कि ऊपर चर्चा की गयी है, को नियंत्रित करता है। शारीरिक रूप से विशुद्ध संप्रेषण, भावनात्मक रूप से स्वतंत्रता, मानसिक रूप से उन्मुक्त विचार और आध्यात्मिक रूप से सुरक्षा की भावना को नियंत्रित करता है।

आज्ञा

यह तृतीय नेत्र चक्र के रूप में भी जानी जाती है। यह चीटीदार ग्रंथि से जुड़ी होती है, जो अपनी अंतर्दृष्टि के मॉडल की सूचना दे सकती है। चीटीदार ग्रंथि रोशनी के प्रति संवेदी ग्रंथि होती है जो मेलाटोनिन हार्मोन का निर्माण करती है जो सोने या जागने की क्रिया को नियंत्रित करती है। आज्ञा का प्रतीक दो पंखुड़ियों वाला कमल है और यह श्वेत, नील या गहरे नीले रंग से मेल खाता है। आज्ञा का मुख्य विषय उच्च और निम्न अहम को संतुलित करना और अंतरस्थ मार्गदर्शन पर विश्वास करना है। आज्ञा का निहित भाव अंतर्ज्ञान को उपयोग में लाना है। मानसिक रूप से, आज्ञा दृश्य चेतना के साथ जुड़ा होता है। भावनात्मक रूप से, आज्ञा शुद्धता के साथ सहज ज्ञान के स्तर से जुड़ा होता है।

सहस्रार: शीर्ष चक्र

सहस्रार को आमतौर पर शुद्ध चेतना का चक्र माना जाता है। हो सकता है इसकी भूमिका कुछ हद तक पीयूष ग्रंथि जैसी हो, जो तमाम अंत:स्रावी प्रणाली के साथ संपर्क स्थापित करने के लिए एमैन्युल हार्मोन स्रावित करती है और साथ में अध:श्चेतक के ज़रिए केंद्रीय तंत्रिका तंत्र से भी जुड़ती है। माना जाता है कि चेतक का चेतना के दैहिक आधार में मुख्य भूमिका होती है। इसका प्रतीक कमल की एक हज़ार पंखुड़ियाँ हैं और यह सिर के शीर्ष पर अवस्थित होता है। सहस्रार बैंगनी रंग का प्रतिनिधित्व करती है और यह आतंरिक बुद्धि और दैहिक मृत्यु से जुड़ी होती है।

अब यहाँ स्पष्ट हो जाता है कि इन सब चीजों का ज्ञान, तर्क एवं विज्ञान की अपेक्षा भारतीय संस्कृति में वर्णित श्रद्धा और विश्वास ज़्यादा कारगर सिद्ध होते है। जैसे रामचरितमानस के अरण्य काण्ड में नवधा भक्ति में भगवान राम सबरी से स्पष्ट कहते हैं, जो मैंने अपने गुरुजनों से सीखा है वही आप को हृदय से बता रहा हूँ, आप भी हृदय से ही धारण कीजिएगा।

नवधा भकति कहउँ तोहि पाहीं।
सावधान सुनु धरु मन माहीं।।
प्रथम भगति संतन्ह कर संगा।
दूसरि रति मम कथा प्रसंगा।।

गुर पद पकंज सेवा तीसरि भगति अमान।
चौथि भगति मम गुन गन करइ कपट तजि गान।।
मन्त्र जाप मम दृढ़ बिस्वासा।
पंचम भजन सो बेद प्रकासा।।
छठ दम सील बिरति बहु करमा।
निरत निरंतर सज्जन धरमा।।
सातवँ सम मोहि मय जग देखा।
मोतें संत अधिक करि लेखा।।
आठवँ जथालाभ संतोषा।
सपनेहुँ नहिं देखइ परदोषा।।
नवम सरल सब सन् छलहीना।
मम भरोस हियँ हरष न दीना।।

इससे स्पष्ट हो जाता है कि भारतीय संस्कृति में आदि काल से गुरु का महत्त्व सर्वोप्परि रहा है चाहे रामायण हो या महाभारत हो। यहाँ पांचवां बिंदु दृढ़ विश्वास के बारे में बताने का प्रयास करता है। यही दृढ़ विश्वास भारतीयों को इस उलझन से बाहर निकालता है और आत्म तत्त्व को मानने के लिए दृढ़ विश्वास से प्रेरित करता है। यहीं भारतीय लोग इसे मानकर आगे बढ़ जाते हैं। आप सब एकलव्य की कथा जानते ही हैं और इस बात से अनुमान लगा सकते हैं कि गुरु में श्रद्धा से उसने गुरु की मूर्ति से किस स्तर की शिक्षा प्राप्त कर ली थी। ये स्वयं आचार्य द्रोण जी को भी पता नहीं था। गुरु का सम्मान भी हमारी संस्कृति का ही एक रूप कहा जा सकता है। भारतवर्ष में शुरू से ही गुरु का सम्मान किया जाता है। गुरु द्रोणाचार्य के मांगने पर एकलव्य ने अपने हाथ का अंगूठा दान में दे दिया था। भारतीय संस्कृति के अनुसार गुरु का स्थान और सम्मान भगवान से भी बढ़कर होता है। बड़ों के लिए आदर और श्रद्धा भारतीय संस्कृति का एक बहुत ही बड़ा सिद्धांत है। यहाँ संत कबीर की बात को मानने में अब किसी को संदेह नहीं होना चाहिए-

गुरु गोविन्द दोऊ खड़े, काके लागूं पांय।
बलिहारी गुरु अपने गोविन्द दियो बताय।।

वे कहते हैं कि जीवन में कभी ऐसी परिस्थिति आ जाये कि जब गुरु और

गोविन्द (ईश्वर) एक साथ खड़े मिलें तब पहले किन्हें प्रणाम करना चाहिए। गुरु ने ही गोविन्द से हमारा परिचय कराया है इसलिए गुरु का स्थान गोविन्द से भी ऊँचा है।

गुरु कुम्हार शिष कुंभ है, गढ़ि गढि काढ़ै खोट।
अन्तर हाथ सहार दै, बाहर बाहै चोट।।

संसारी जीवों को सन्मार्ग की ओर प्रेरित करते हुए संत शिरोमणि कबीर दास जी कहते हैं– गुरु कुम्हार है और शिष्य मिट्टी के कच्चे घड़े के समान है। जिस तरह कुम्हार घड़े को सुन्दर बनाने के लिए अन्दर हाथ डालकर बाहर से थाप मारता है, ठीक उसी प्रकार शिष्य को कठोर अनुशासन में रखकर अन्दर से प्रेम भावना रखते हुए शिष्य की बुराइयों को दूर करके उसे संसार में सम्माननीय बनाने का काम हमारे गुरु करते हैं। हम लोग देखते हैं कि युवा कभी भी अपने बुजुर्गों का नाम लेकर संबोधन नहीं करते थे/हैं। सभी बड़ों, पवित्र पुरुषों और महिलाओं का आशीर्वाद प्राप्त करने और उन्हें मान–सम्मान देने के लिए उनके चरणों को स्पर्श करते थे/हैं। छात्र अपने शिक्षक के पैर छूते थे/हैं। मन, शरीर, वाणी, विचार, शब्द और कर्म में शुद्धता हमारे लिए बहुत महत्त्वपूर्ण है। जिसमें उत्तरोत्तर ह्रास या क्षय देखा जा रहा है। जिससे समाज का ताना बाना बिगड़ रहा है। जिससे अनुशासनहीनता को बल मिल रहा है और समाज में अपराध का बोलबाला देखने को मिल रहा है। हमें कभी भी कठोर और अभद्र भाषा का प्रयोग नहीं करना चाहिए तथा अपने शरीर को स्वच्छ और स्वस्थ रखना चाहिए। देवी–देवताओं को चढ़ाने के लिए उठाए जाने वाले फूलों को सूंघना नहीं चाहिए।

चूँकि यहाँ जब गुरु के महात्मय की चर्चा हो रही है और यह कहानी भागवत राय जी की जीवनी से जुड़ी हुई है अतः श्रीमद् भागवत् में गुरु के रूपों का वर्णन दत्तात्रेय जी के रूप में भी हुआ है। आइये इसी क्रम में जानते हैं कि कौन थे भगवान दत्तात्रेय और उनके 24 गुरु। वे कहते थे कि जिस किसी से भी जितना सीखने को मिले, हमें अवश्य ही उन्हें सीखने का प्रयत्न करना चाहिए। उनके 24 गुरुओं में कबूतर, पृथ्वी, सूर्य, पिंगला, वायु, मृग, समुद्र, पतंगा, हाथी, आकाश, जल, मधुमक्खी, मछली, बालक, कुरर पक्षी, अग्नि, चंद्रमा, कुमारी कन्या, सर्प, तीर (बाण) बनाने वाला, मकड़ी, भृंगी, अजगर और भौंरा (भ्रमर) हैं। जानिए भगवान दत्तात्रेय के 24 गुरु और उनके अर्थ–

1. सूर्य- भगवान दत्तात्रेय ने सूर्य से सीखा कि जिस तरह एक होने पर भी अलग-अलग माध्यमों से सूर्य अलग-अलग दिखाई देता है, वैसे ही आत्मा भी एक ही है, लेकिन वह कई रूपों में हमें दिखाई देती है।

2. पृथ्वी- पृथ्वी से हम सहनशीलता व परोपकार की भावना सीख सकते हैं। कई लोग पृथ्वी पर अनेक प्रकार के आघात करते हैं, उत्पात एवं खनन के कार्य करते हैं, लेकिन पृथ्वी माता हर आघात को परोपकार की भावना से सहन करती है।

3. पिंगला- दत्तात्रेय जी ने पिंगला नाम की वेश्या से यह सबक लिया कि हमें केवल पैसों के लिए नहीं जीना चाहिए। जब वह वेश्या धन की कामना में सो नहीं पाती थी, तब एक दिन उसके मन में वैराग्य जागा और उसे समझ में आया कि असली सुख पैसों में नहीं बल्कि परमात्मा के ध्यान में है, तब कहीं उसे सुख की नींद आई।

4. कबूतर- दत्तात्रेय भगवान ने यह भी जाना कि जब कबूतर का जोड़ा जाल में फँसे अपने बच्चों को देखकर खुद भी जाल में जा फँसता है, तो इससे यह सबक लिया जा सकता है कि किसी से बहुत ज़्यादा स्नेह दुःख की वजह बनता है।

5. वायु- दत्तात्रेय के अनुसार जिस प्रकार कहीं भी अच्छी या बुरी जगह पर जाने के बाद भी वायु का मूल रूप स्वच्छता ही है, उसी प्रकार हमें अच्छे या बुरे लोगों के साथ रहने पर भी अपनी अच्छाइयों को कभी नहीं छोड़ना चाहिए।

6. मृग- मृग अपनी मौज-मस्ती, उछल-कूद में इतना ज़्यादा खो जाता है कि उसे अपने आसपास अन्य किसी हिंसक जानवर के होने का आभास ही नहीं होता है और वह मारा जाता है। इससे जीवन में यह सीखा जा सकता है कि हमें कभी भी मौज-मस्ती में ज़्यादा लापरवाह नहीं होना चाहिए।

7. समुद्र- जैसे समुद्र के पानी की लहर निरंतर गतिशील रहती है, वैसे ही जीवन के उतार-चढ़ाव में हमें भी खुश और गतिशील रहना चाहिए।

8. पतंगा- जैसे पतंगा आग की ओर आकर्षित होकर जल जाता है, उसी प्रकार रंग-रूप के आकर्षण और झूठे मोहजाल में हमें उलझना नहीं चाहिए।

9. हाथी- यह देखा गया है कि हाथी हथिनी के संपर्क में आते ही उसके प्रति आसक्त हो जाता है, अतः हाथी से सीखा जा सकता है कि तपस्वी पुरुष और संन्यासी को स्त्री से बहुत दूर रहना चाहिए।

10. आकाश- भगवान दत्तात्रेय ने आकाश से सीखा कि हर देश, परिस्थिति तथा काल में लगाव से दूर रहना चाहिए।

11. जल- भगवान दत्तात्रेय ने जल से सीखा कि हमें सदैव पवित्र रहना चाहिए।

12. मधुमक्खी- मधुमक्खियां शहद इकट्ठा करती हैं और एक दिन छत्ते से शहद निकालने वाला आकर सारा शहद ले जाता है, तो हमें इस बात से यह सीखना चाहिए कि आवश्यकता से अधिक चीजों को एकत्र करके नहीं रखना चाहिए।

13. मछली- जिस प्रकार मछली किसी कांटे में फँसे मांस के टुकड़े को खाने के लिए चली जाती है और अपने प्राण गंवा देती है, वैसे ही हमें स्वाद को इतना अधिक महत्त्व नहीं देना चाहिए। हमें ऐसा ही भोजन करना चाहिए, जो स्वास्थ्य की दृष्टि से अच्छा हो।

14. कुरर पक्षी- जिस प्रकार कुरर पक्षी मांस के टुकड़े को चोंच में दबाए रहता है और जब दूसरे बलवान पक्षी उस मांस के टुकड़े को उससे छीन लेते हैं, तब मांस का टुकड़ा छोड़ने के बाद ही कुरर को शांति मिलती है। उसी तरह हमें कुरर पक्षी से यह सीखना चाहिए कि ज़्यादा चीजों को पास में रखने की सोच छोड़ देनी चाहिए।

15. बालक- जैसे छोटे बच्चे हमेशा चिंतामुक्त और प्रसन्न दिखाई देते हैं, वैसे ही हमें भी हमेशा चिंतामुक्त और प्रसन्न रहना चाहिए।

16. आग- दत्तात्रेय जी ने आग से सीखा कि जीवन में कैसे भी हालात हो, हमारा उन हालातों में ढल जाना ही उचित है।

17. चन्द्रमा- हमारी आत्मा लाभ-हानि से परे है। वैसे ही जैसे चंद्रमा के घटने या बढ़ने से उसकी चमक और शीतलता नहीं बदलती, हमेशा एक जैसी रहती है, वैसे आत्मा भी किसी प्रकार के लाभ-हानि से बदलती नहीं है।

18. कुमारी कन्या- भगवान दत्तात्रेय ने एक बार एक कुमारी कन्या देखी, जो धान कूट रही थी। धान कूटते समय उस कन्या की चूड़ियां आवाज़ कर

रही थीं। बाहर मेहमान बैठे थे जिन्हें चूड़ियों की आवाज़ से परेशानी हो रही थी। तब उस कन्या ने चूड़ियों की आवाज़ बंद करने के लिए चूड़िया ही तोड़ दीं। दोनों हाथों में बस एक-एक चूड़ी रहने दी। उसके बाद उस कन्या ने बिना शोर किए धान कूट लिया। अतः हमें भी एक चूड़ी की भांति अकेले ही रहना चाहिए और निरंतर आगे बढ़ते रहना चाहिए।

19. तीर बनाने वाला- दत्तात्रेय ने एक ऐसा तीर बनाने वाला देखा, जो तीर बनाने में इतना मग्न था कि उसके पास से राजा की सवारी निकल गई, पर उसका ध्यान भंग नहीं हुआ। अतः हमें अभ्यास और वैराग्य से मन को वश में करना चाहिए।

20. सांप- भगवान दत्तात्रेय ने सांप से सीखा कि किसी भी संन्यासी को अकेले ही जीवन व्यतीत करना चाहिए। कभी भी एक ही स्थान पर न रुकते हुए जगह-जगह जाकर ज्ञान बांटते रहना चाहिए।

21. मकड़ी- दत्तात्रेय ने मकड़ी से सीखा कि भगवान भी मायाजाल रचते हैं और उसे मिटा देते हैं। ठीक वैसे ही जैसे एक मकड़ी स्वयं जाल बनाती है, उसमें विचरण करती है और अंत में पूरे जाल को खुद ही निगल लेती है। ठीक इसी तरह भगवान भी माया से सृष्टि की रचना करते हैं और अंत में उसे समेट लेते हैं।

22. भृंगी कीड़ा- दत्तात्रेय ने इस कीड़े से सीखा कि अच्छी हो या बुरी, हम जहां जैसी सोच में अपना मन लगाएंगे, मन वैसा ही हो जाता है।

23. भौंरा- भगवान दत्तात्रेय ने भौंरे से सीखा कि जहां भी सार्थक बात सीखने को मिले, उसे तत्काल ग्रहण कर लेना चाहिए। जिस प्रकार भौंरा अलग-अलग फूलों से पराग ले लेता है।

24. अजगर- भगवान दत्तात्रेय ने अजगर से सीखा कि हमें जीवन में संतोषी बनना चाहिए और जो मिल जाए, उसे खुशी-खुशी स्वीकार कर लेना ही हमारा धर्म होना चाहिए। इसका गलत अर्थ नहीं निकाला जाना चाहिए कि हमें प्रयास ही नहीं करना है। यहाँ गीता के एक श्लोक का वर्णन लाज़मी हो जाता है-

कर्मण्येवाधिकारस्ते मा फलेषु कदाचन।

मा कर्मफलहेतुर्भूर्मा ते सङ्गोऽस्त्वकर्मणि।।

अर्थात कर्म पर ही तुम्हारा अधिकार है, कर्म के फलों में कभी नहीं। इसलिए कर्म को फल के लिए मत करो। कर्त्तव्य-कर्म करने में ही तेरा अधिकार है फलों में कभी नहीं। अतः तू कर्मफल का हेतु भी मत बन और तेरी अकर्मण्यता में भी आसक्ति न हो।

यह आत्मतत्त्व विषय इतना गूढ़ और सूक्ष्मतर है, कि इसकी व्याख्या एक अध्याय में सम्भव नहीं है, प्रभु कृपा हुई तो अगली पुस्तक में इसे पूरा करने का प्रयास करूंगा।

❑

भारत की सांस्कृतिक परंपरा

भारतीय संस्कृति मात्र एक संज्ञा शब्द ही नहीं बल्कि एक अवधारणा है। इसको जानने और समझने के लिए वैदिक साहित्य को जानना और समझना आवश्यक है। वैदिक साहित्य और भारतीय संस्कृति वैसे तो एक दूसरे के पूरक ही कहे जा सकते हैं, इसको बिना जाने हम अपने आप को भी नहीं जान पाएंगे। इसलिए इसका उल्लेख यहाँ आवश्यक जान पड़ता है क्योंकि आज के तथाकथित आधुनिकता की अंधी दौड़ और प्रदर्शन प्रभाव और विज्ञापनों के प्रभाव में हमारी अपनी संस्कृति और संस्कार पीछे छूट रहे हैं और समाज को इसका बहुत बड़ा मूल्य चुकाना पड़ना प्रारंभ हो चुका है। अत: अपनी संस्कृति को समझना पड़ेगा, जिन्होंने समझ लिया वो "बैक टू रूट्स" को अपनाने लगे हैं और वो अपने जीवन मूल्यों को बचाने में सक्षम होंगे। आज के कोरोना काल में बहुत सारी चीजे जो पारंपरिक रूप से अपने समाज में व्याप्त थीं उनको आज के तथाकथित अति आधुनिक लोग रूढ़िवादिता कहने लगे थे, आज अपनाने लगे हैं और गुणगान करते हुए भी पाए जाते हैं। यहाँ हमें यह समझना है कि मनुष्य जीवन का उद्देश्य क्या है? बस क्या शादी करना, बच्चे पैदा करना! कदापि नहीं। क्योंकि इतना कार्य तो पशु पक्षी भी कर लेते हैं।

स्वामी विवेकानंद हमेशा कहते थे कि प्रगतिशील बनो यानी जहाँ से भी अच्छाई मिले, उसे ग्रहण करो। मैं यहाँ किसी पाश्चात्य संस्कृति का विरोधी नहीं हूँ, उनकी अच्छी चीजें ग्रहण करने में कोई दिक्कत नहीं है। यहाँ एक छोटा-सा दृष्टान्त प्रस्तुत करता हूँ। हमारे परम पूज्य गुरु स्वामी गिरिशानन्द जी सरस्वती कहते हैं कि भगवान कृष्ण की तरह सभी रासलीला करना चाहते हैं। कर सकते हैं, लेकिन शर्त ये है कि उसके पहले आप भी उनकी तरह कालिया नाग का मर्दन एवं उसके फन पर नाच के दिखाओ। इसलिए वास्तविकता में जीना चाहिए और नकल से बचना चाहिए। यहाँ विषयांतर ना होते हुए क्रमवार हम दोनों पर प्रकाश डालने का प्रयास करते हैं।

वैदिक साहित्य

भारतीय संस्कृति को समझने के लिए वैदिक साहित्य को जानना और समझना अत्यंत महत्त्वपूर्ण है। ये हिन्दू धर्म के प्राचीनतम स्वरूप पर प्रकाश डालने वाला तथा विश्व का प्राचीनतम स्रोत है। वैदिक साहित्य को 'श्रुति' कहा जाता है, क्योंकि आज भी हमारी परम्परा में कुछ चीजें ऐसी हैं जो कहीं भी लिखित नहीं हैं लेकिन आदिकाल से परम्परा से चली आ रही है। सृष्टि/नियम कर्ता ब्रह्मा ने विराटपुरुष भगवान की वेदध्वनि को सुनकर ही प्राप्त किया है। अन्य ऋषियों ने भी इस साहित्य को श्रवण-परम्परा से ही ग्रहण किया था। वेद के मुख्य मन्त्र भाग को संहिता कहते हैं। वैदिक साहित्य के अन्तर्गत लिखे सभी वेदों के कई उपनिषद, आरण्यक हैं। इनकी भाषा संस्कृत है, जिसे अपनी अलग पहचान के अनुसार वैदिक संस्कृत कहा जाता है। इन संस्कृत शब्दों के प्रयोग और अर्थ कालान्तर में बदल गए या लुप्त हो गए माने जाते हैं। ऐतिहासिक रूप से प्राचीन भारत और हिन्दू-आर्य जाति के बारे में इनको एक अच्छा सन्दर्भ माना जाता है। संस्कृत भाषा के प्राचीन रूप को लेकर भी इनका साहित्यिक महत्त्व बना हुआ है। वेदों की रचना कब हुई और उनमें किस काल की सभ्यता का वर्णन मिलता है, इसमें मतभेद है। हम सब जानते और सुनते आ रहे हैं कि भारतीय वेदों को अपौरुषेय (किसी पुरुष द्वारा न बनाया हुआ) मानते हैं। अतः नित्य होने से उनके काल-निर्धारण का प्रश्न ही नहीं उठता, किन्तु गैर भारतीय विद्वान जो हमेशा तर्क और विज्ञान का सहारा लेते हैं, इसमें मतभेद पैदा करते हैं और इन्हें ऋषियों की रचना मानते हैं और इसके काल के सम्बन्ध में उन्होंने अनेक कल्पनाएँ की हैं। उनमें पहली कल्पना मैक्समूलर की है। उन्होंने वैदिक साहित्य का काल बारहवीं सदी ई.पू. से छठी सदी ई.पू. माना है। दूसरी कल्पना जर्मन विद्वान विण्टरनित्ज की है। उन्होंने वैदिक साहित्य के आरम्भ होने का काल पच्चीस सौ से दो हजार ई.पू. तक माना। ऋग्वेद में वर्णित भूगर्भ-विषयक साक्ष्यों द्वारा ऋग्वेद को कई लाख वर्ष पूर्व का ठहराया है।

वैदिक साहित्य मुख्यतः चार भागों में बँटा है-

(1) संहिता

(2) ब्राह्मण

(3) आरण्यक

(4) उपनिषद्

संहिता का अर्थ है संग्रह। संहिताओं में विभिन्न देवताओं के स्तुतिपरक मंत्रों का संकलन है। संहिताएँ चार हैं जिनके बारे में जानना पाठकों के लिए उपयोगी सिद्ध होगा। उसका बहुत संक्षिप्त विवरण प्रस्तुत करने का प्रयास करता हूँ।

1. ऋक्

2. यजुष्

3. साम

4. अथर्व

हमारी प्राचीन परम्परा और मान्यता के अनुसार वेद नित्य और अपौरुषेय ही हैं, सृष्टि के प्रारम्भ में परमात्मा ने इनका प्रकाश, अग्नि, वायु, आदित्य और अंगिरा नामक ऋषियों को दिया। प्रत्येक वैदिक मन्त्र का देवता और ऋषि होता है। मन्त्र में जिसकी स्तुति की जाए वह उस मन्त्र का देवता है और जिसने मन्त्र के अर्थ का सर्वप्रथम प्रदर्शन किया हो, वह उसका ऋषि है। पाश्चात्य विद्वान ऋषियों को ही वेद-मन्त्रों का रचयिता मानते हैं। वैदिक साहित्य को श्रुति भी कहा जाता है, क्योंकि पुराने ऋषियों ने इस साहित्य को श्रवण-परम्परा से ग्रहण किया था। बाद में इस ज्ञान को स्मरण करके जो ग्रन्थ लिखे गए, वे स्मृति कहलाए। श्रुति के शीर्ष स्थान पर उपर्युक्त चार संहिताएँ हैं।

ऋग्वेद

ऋग्वेद दस मण्डलों में विभक्त है। 1,028 सूक्त हैं और 10,627 मन्त्र और इन सूक्तों में देवताओं की स्तुतियाँ हैं। ये भारतीय संस्कृति का खज़ाना है। ये बड़ी भव्य, और काव्यमयी हैं। इनमें कल्पना की नवीनता, वर्णन की प्रौढ़ता और प्रतिभा की ऊँची उड़ान मिलती है। 'उषा' आदि कई देवताओं के वर्णन बड़े हृदयग्राही हैं। पाश्चात्य विद्वान ऋग्वेद की संहिता को सबसे प्राचीन मानते हैं। उनका विचार है कि इसके अधिकांश सूक्तों की रचना पंजाब में हुई। उस समय आर्य अफगानिस्तान से गंगा-यमुना तक के प्रदेशों में फैले हुए थे। उनके मत में ऋग्वेद में कुभा (काबुल), सुवास्तु (स्वात), क्रमु (कुर्रम), गोमती (गोमल),

सिन्धु, गंगा, यमुना सरस्वती तथा पंजाब की पाँच नदियों शतुद्रि (सतलुज), विपाशा (व्यास), परुष्णी (रावी), असिवनी (चेनाब) और वितस्ता (झेलम) का उल्लेख है। इन नदियों से सिंचित प्रदेश भारत में आर्य-सभ्यता का जन्म-स्थान माना जाता है।

यजुर्वेद

इसमें यज्ञ-विषयक मन्त्रों का संग्रह है। इनका प्रयोग यज्ञ के समय अध्वर्यु नामक पुरोहित किया करता था। यजुर्वेद में 40 अध्याय हैं। तथा 1975 मन्त्र निहित हैं। पाश्चात्य विद्वान इसे ऋग्वेद से काफी समय बाद का मानते हैं। ऋग्वेद में आर्यों का कार्य-क्षेत्र पंजाब है, इसमें कुरु-पांचाल। कुरु सतलुज यमुना का मध्यवर्ती भू-भाग (वर्तमान अम्बाला डिवीज़न) है और पांचाल गंगा-यमुना का दोआब था। इसी समय से गंगा-यमुना का प्रदेश आर्य-सभ्यता का केन्द्र हो गया। ऋग्वेद का धर्म उपासना-प्रधान था, किन्तु यजुर्वेद के दो भेद हैं- कृष्ण यजुष् और शुक्ल यजुष्। दोनों के स्वरूप में बड़ा अन्तर है, पहले में केवल मन्त्रों का संग्रह है और दूसरे में छन्दोबद्ध मन्त्रों के साथ गद्यात्मक भाग हैं।

सामवेद

इसमें गेय मन्त्रों का संग्रह है। यहाँ गेय का अर्थ गायन है अर्थात मंत्र गाये जाने वाले हैं। यज्ञ के अवसर पर जिस देवता के लिए होम किया जाता था, उसे बुलाने के लिए उद्‌गाता उचित स्वर में उस देवता का स्तुति-मन्त्र गायन होता था। इस गायन को 'साम' कहते थे। प्रायः ऋचाएँ ही गाई जाती थीं। अतः समस्त सामवेद में ऋचाएँ ही हैं। इनकी संख्या 1,875 है। इनमें से केवल 75 ही नई हैं, बाकी सब ऋग्वेद से ली गई हैं। भारतीय संगीत का मूल सामवेद में उपलब्ध है।

अथर्ववेद

अथर्ववेद का यज्ञों से बहुत कम सम्बन्ध है। इसमें आयुर्वेद सम्बन्धी सामग्री अधिक है। इसका प्रतिपाद्य विषय विभिन्न प्रकार की औषधियाँ, ज्वर, पीलिया, सर्पदंश, विष-प्रभाव को दूर करने के मन्त्र सूर्य की स्वास्थ्य-शक्ति, रोगोत्पादक कीटाणुओं के शमन आदि का वर्णन है, इस वेद में यज्ञ करने के लाभ को तथा यज्ञ से पर्यावरण की रक्षा का भी वर्णन है। वे इसमें आर्य और अनार्य धार्मिक

विचारों का सम्मिश्रण देखते हैं, किन्तु वस्तुतः इसमें राजनीति तथा समाज-शास्त्र के अनेक ऊँचे सिद्धान्त हैं। इसमें 20 काण्ड तथा 5,977 मन्त्र हैं, इनमें 1200 के लगभग मन्त्र ऋग्वेद से लिए गए हैं। ऊपर वर्णित चारों संहिताएं पहले एक ही जगह थीं। ऐसी मान्यता है कि महर्षि वेद व्यास जी ने यज्ञसिद्धि के लिए उन्हें चार भागों में विभाजित किया था।

वेदों की शाखाएँ

प्राचीन काल में वेदों की रक्षा गुरु-शिष्य परम्परा द्वारा होती थी। इनका लिखित एवं निश्चित स्वरूप न होने से वेदों के स्वरूप में कुछ भेद आने लगा और इनकी शाखाओं का विकास हुआ। ऋग्वेद की पाँच शाखाएँ थीं- शाकल, वाष्कल, आश्वलायन, शांखायन और माण्डूकायन। इनमें अब पहली शाखा ही उपलब्ध होती है। यह शाखा आदित्य सम्प्रदायिका है। शुक्ल यजुर्वेद की दो प्रधान शाखाएँ हैं- माध्यन्दिनीय और काण्व। पहली उत्तरी भारत में मिलती है और दूसरी महाराष्ट्र में। इनमें अधिक भेद नहीं है। कृष्ण यजुर्वेद की आजकल चार शाखाएँ मिलती हैं- तैत्तिरीय मैत्रायणी, काठक (या कठ) तथा कपिष्ठल संहिता। इनमें दूसरी-तीसरी पहली से मिलती है, क्रम में थोड़ा ही अन्तर है। चौथी शाखा आधी ही मिली है। यह वेद ब्रह्मसम्प्रदायिका है। सामवेद की दो शाखाएँ थीं- कौथुम और राणायनीय। अथर्ववेद की दो शाखाएँ उपलब्ध हैं- पैप्पलाद और शौनक। वर्तमान समय में शौनक शाखा ही पूर्णरूप में प्राप्त होती है।

भारतीय संस्कृति-

भारतीय संस्कृति विश्व की सर्वाधिक प्राचीन एवं समृद्ध संस्कृति है। इसे विश्व की सभी संस्कृतियों की जननी माना जाता है। जीने की कला हो या विज्ञान या राजनीति का क्षेत्र, भारतीय संस्कृति का सदैव विशेष स्थान रहा है। अन्य देशों की संस्कृतियाँ तो समय की धारा के साथ-साथ नष्ट होती रही हैं, किन्तु भारत की संस्कृति आदि काल से ही अपने परंपरागत अस्तित्त्व के साथ अजर-अमर बनी हुई है। आज के समय में सभ्यता और संस्कृति को एक-दूसरे का पर्याय समझा जाने लगा है, जिसके फलस्वरूप संस्कृति के संदर्भ में अनेक भ्रांतियाँ पैदा हो गई हैं। लेकिन वास्तव में संस्कृति और सभ्यता अलग-अलग होती है। सभ्यता का संबंध हमारे बाहरी जीवन के ढंग से होता है यथा- खान-पान, रहन-सहन,

बोलचाल जबकि संस्कृति का संबंध हमारी सोच, चिंतन और विचारधारा से होता है। संस्कृति का क्षेत्र सभ्यता से कहीं व्यापक और गहन होता है। सभ्यता का अनुकरण तो किया जा सकता है लेकिन संस्कृति का अनुकरण नहीं किया जा सकता है। हम पैंट-कोट पहनकर और अंग्रेज़ी बोलकर पाश्चात्य सभ्यता का अनुकरण करते हैं न कि पाश्चात्य संस्कृति का।

संस्कृति किसी भी देश, जाति और समुदाय की आत्मा होती है। संस्कृति से ही देश, जाति या समुदाय के उन समस्त संस्कारों का बोध होता है जिनके सहारे वह अपने आदर्शों, जीवन मूल्यों आदि का निर्धारण करता है। संस्कृति का साधारण अर्थ होता है- संस्कार, सुधार, परिष्कार, शुद्धि, सजावट आदि। भारतीय प्राचीन ग्रंथों में संस्कृति का अर्थ संस्कार से ही माना गया है। कौटिल्य जी ने विनय के अर्थ में संस्कृति शब्द का प्रयोग किया गया है। भारतीय प्राचीन ग्रंथों में भी अंग्रेज़ी शब्द कल्चर के समान संस्कृति शब्द का प्रयोग होने लगा है। संस्कृति का अर्थ हम भले ही कुछ निकाल लें किन्तु संस्कृति का संबंध मानव जीवन मूल्यों से है। भारतीय संस्कृति विश्व की प्राचीनतम संस्कृति है। विश्व की विभिन्न संस्कृतियाँ भारतीय संस्कृति के समक्ष पैदा हुई और मिट गई। भारतीय संस्कृति में महान समायोजन की क्षमता होती है। यहाँ पर विभिन्न संस्कृतियों के लोग आए और यहीं पर बस गए। उनकी संस्कृतियाँ भारतीय संस्कृति का अंग बन गई। इसी वजह से भारतीय संस्कृति लगातार आगे बढती जा रही है।

भारतीय संस्कृति की पृष्ठभूमि में मानव कल्याण की भावना निहित है। यहाँ पर जो भी काम होते हैं वो बहुजन हिताय और बहुजन सुखाय की दृष्टि से ही होते हैं। इसको हमारे यशस्वी प्रधानमंत्री मोदी जी और व्यापक अर्थ में कहते हैं "सबका साथ, सबका विकास और सबका विश्वास"। भारत की संस्कृति की मूल भावना 'वसुधैव कुटुम्बकम' के पवित्र उद्देश्य पर आधारित है अर्थात सभी सुखी हों, सब निरोग हो, सबका कल्याण हो, किसी को भी दुःख प्राप्त न हो, ऐसी पवित्र भावनाएं भारतवर्ष में सदैव बनी रहें।

भारतीय संस्कृति संसार की प्राचीनतम संस्कृतियों में से एक है। मध्य प्रदेश के भीमबेटका जो वहाँ की राजधानी भोपाल के बहुत नजदीक है, (मुझे वहाँ रहने और समझने का सुअवसर प्राप्त हुआ है) में पाए गए शैलचित्र, नर्मदा घाटी में की गई खुदाई तथा कुछ अन्य नृवंशीय एवं पुरातत्त्वीय प्रमाणों से सिद्ध हुआ है कि भारत की भूमि आदि मानव की प्राचीनतम कर्मभूमि रही है। क्योंकि

वहाँ की शैल चित्रकारी पेंटिंग यह दर्शाती है कि रंगों का आविष्कार भारत में बहुत पहले ही हो चुका था। उन शैलों की खोज या बनावट मानव ने ही की होगी। मई महीने की धूप में भी वहाँ दोपहर में ठंडी हवा को महसूस किया जा सकता है। जो इस बात को पुष्ट करती है कि वहाँ लोग गरमी से बचने के लिए आराम करते होंगे।

सिंधु घाटी सभ्यता के विवरणों से यह साबित होता है कि आज के समय से लगभग पांच हजार साल पहले उत्तरी भारत के बड़े भाग में एक उच्च कोटि की संस्कृति का विकास हो चुका था। इसी तरह से वेदों में परिलक्षित भारतीय संस्कृति न सिर्फ़ प्राचीनता का एक प्रमाण है, बल्कि वह भारतीय अध्यात्म और चिंतन की भी सर्वश्रेष्ठ अभिव्यक्ति है। उपलब्ध प्रमाणों के आधार पर भारतीय संस्कृति से रोम और यूनानी संस्कृति को प्राचीन तथा मिस्र, असीरिया एवं बेबिलोनिया जैसी संस्कृतियों के समकालीन माना गया है।

भारतीय संस्कृति की एक महत्त्वपूर्ण विशेषता यह है कि हजारों सालों के बाद भी यह अपने मूल स्वरूप में जीवित है जबकि मिस्र, असीरिया, यूनान और रोम की संस्कृतियाँ अपने मूल स्वरूप को विस्मृत कर चुकी हैं। भारत में नदियों, वट, पीपल जैसे वृक्षों, सूर्य तथा अन्य प्राकृतिक देवी-देवताओं की पूजा करने का क्रम शताब्दियों से चला आ रहा है।

देवताओं की मान्यता, हवन और पूजा-पाठ की पद्धतियों की निरंतरता आज के समय तक अप्रभावित रही है। वेदों में और वैदिक धर्मों में करोड़ों भारतीयों की आस्था और विश्वास आज भी उतना ही है जितना हजारों साल पहले था। गीता और उपनिषदों के संदेश हजारों साल से हमारी प्रेरणा और क्रम का आधार रहे हैं।

किंचित परिवर्तनों के बाद भी भारतीय संस्कृति के आधारभूत तत्त्वों, जीवन मूल्यों और वचन पद्धति में एक ऐसी निरंतरता रही है कि आज भी करोड़ों भारतीय खुद को उन मूल्यों एवं चिंतन प्रणाली से जुड़ा हुआ महसूस करते हैं और इससे प्रेरणा प्राप्त करते हैं।

भारतीय संस्कृति का मूल मंत्र आध्यात्मिकता है। भारतीय संस्कृति की आध्यात्मिकता का आधार ईश्वरीय विश्वास होता है। यहाँ पर विभिन्न धर्मों और मतों में विश्वास रखने वाले लोग आत्मा-परमात्मा के अस्तित्त्व में विश्वास रखते हैं। उनकी दृष्टि में भगवान ही इस संसार का रचयिता एवं निर्माता है।

भौगोलिक दृष्टि से भारत विविधताओं का देश है फिर भी सांस्कृतिक रूप से एक इकाई के रूप में इसका अस्तित्त्व प्राचीन समय से ही बना हुआ है। इस विशाल देश में उत्तर का पर्वतीय भू-भाग जिसकी सीमा पूर्व में ब्रह्मपुत्र और पश्चिम में सिंधु नदी तक विस्तृत है। इसके साथ गंगा, यमुना, सतलुज की उपजाऊ कृषि भूमि, विन्ध्य और दक्षिण का वनों से आच्छादित पठारी भू-भाग, पश्चिम में थार का रेगिस्तान, दक्षिण का तटीय प्रदेश तथा पूर्व में असम और मेघालय का अतिवृष्टि का सुरम्य क्षेत्र सम्मिलित है। भौगोलिक विभिन्नता के साथ इस देश में आर्थिक और सामाजिक भिन्नता भी पर्याप्त रूप से विद्यमान है। इन भिन्नताओं की वजह से ही भारत में अनेक सांस्कृतिक उपधाराएँ विकसित होकर पल्लवित और पुष्पित हुई हैं। अनेक विभिन्नताओं के बाद भी भारत की पृथक सांस्कृतिक सत्ता रही है। हिमालय पूरे देश के गौरव का प्रतिक रहा है। गंगा, यमुना और नर्मदा जैसी नदियों की स्तुति यहाँ के लोग प्राचीनकाल से करते आ रहे हैं। राम, कृष्ण और शिव की आराधना यहाँ पर सदियों से की जाती है।

सभी में भाषाओं की विविधता ज़रूर है लेकिन फिर भी संगीत और नृत्य के मौलिक स्वरूपों में आश्चर्यजनक समानता है। यहाँ की संस्कृति में अनेकता में भी एकता स्पष्ट रूप से झलकती है। भारतीय संस्कृति स्वाभाविक रूप से शुद्ध है जिसमें प्यार, सम्मान, दूसरों की भावनाओं का मान-सम्मान और अहंकार रहित व्यक्तित्व अंतर्निहित है।

भारतीय संस्कृति एक विचार, एक भाग अथवा जीवन मूल्य है जिसको जीवन में अपनाकर जीवन के विकास को प्राप्त किया जा सकता है। भारतीय संस्कृति का उद्देश्य मनुष्य का सामूहिक विकास है। उसमें 'वसुधैव कटुम्बकम' और 'सर्वे भवन्तु सुखिन:' के भाव सर्वत्र विद्यमान हैं।

भारत की वैश्विक छवि एक उभरते हुए और प्रगतिशील राष्ट्र की है। सच ही है, भारत में सभी क्षेत्रों में कई सीमाओं को हाल के वर्षों में पार किया है, जैसे कि वाणिज्य, प्रौद्योगिकी और विकास आदि और इसके साथ ही उसने अपनी अन्य रचनात्मक बौद्धिकता को उपेक्षित भी नहीं किया है।

आज के समय में व्यक्ति के जीवन की बढ़ती जटिलताओं/अवसाद (डिप्रेसन) के साथ लोग निरंतर ऐसे माध्यम की खोज कर रहे हैं, जिसके ज़रिए वे मन की कुछ शांति पा सकें। यहां एक और विज्ञान है, जिसे हम ध्यान के नाम से जानते

हैं तथा इसके साथ जुड़ी है आध्यात्मिकता। ध्यान और योग भारत तथा भारतीय आध्यात्मिकता के समानार्थी हैं। ध्यान लगाना योग का सबसे महत्त्वपूर्ण घटक है, जो व्यायामों की एक शृंखला सहित मन और शरीर का उपचार है। ध्यान शब्द में अनेक अभ्यास शामिल हैं जो परिस्थितियों को साकार रूप में देखने, एक वस्तु या छवियों पर ध्यान केन्द्रित करने, एक जटिल विचार के माध्यम से सोचने को भी शामिल करती है, ये सभी मोटे तौर पर ध्यान के प्रकार हैं। जबकि योग में ध्यान का अर्थ सामान्य रूप से मन को अधिक औपचारिक रूप से केन्द्रित करने और स्वयं को एक क्षण में देखने से संदर्भित किया जाता है। भारत और विदेश के कई लोग तनाव से छुटकारा पाने और मन को ताजा बनाने के लिए योग तथा ध्यान का आश्रय लेते हैं।

भारतीय नागरिकों की विशेषता उनकी सहनशीलता, लेने और देने की भावना तथा उन संस्कृतियों के मिश्रण में निहित है। जिसकी तुलना एक ऐसे उद्यान से की जा सकती है जहां कई रंगों और वर्णों के फूल हैं, जबकि उनका अपना अस्तित्त्व बना हुआ है और वे भारत रूपी उद्यान में भाईचारा और सुंदरता बिखेरते हैं और अनेकता में एकता के उत्कृष्ट उदाहरण हैं।

भारतीय संस्कृति एक महान जीवनधारा है जो प्राचीनकाल से सतत प्रवाहित है। इस तरह से भारतीय संस्कृति स्थिर एवं अद्वितीय है। जिसके संरक्षण की ज़िम्मेदारी वर्तमान पीढ़ी पर है। इसकी उदारता और समन्वयवादी गुणों ने अन्य संस्कृतियों को समाहित तो किया है किन्तु अपने अस्तित्त्व के मूल को सुरक्षित रखा है। एक राष्ट्र की संस्कृति उसके लोगों के दिल और आत्मा में बसती है। सर्वांगीणता, विशालता, उदारता और सहिष्णुता की दृष्टि से अन्य संस्कृतियों की अपेक्षा भारतीय संस्कृति अग्रणी स्थान रखती है।

❑

देवदत्त राय, सोना माटी और संयुक्त परिवार

अपने परदादा भूमिपुत्र एवं कृषि पंडित स्व. देवदत्त राय जो त्याग और कर्तव्य परायणता के प्रतीक हैं, जिनकी बहुत धुँधली यादें अन्तर्मन से उनके आशीर्वाद का एहसास कराती हैं, उनके चरणों का वंदन करता हूँ। कृषि, सोना माटी और संयुक्त परिवार की बात होने से अपने मिट्टी से जुड़े होने का अनायास एहसास करातीं हैं, और हिंदी फिल्म जगत के युवा कहानीकार और संगीतकार प्रणव वत्स द्वारा मिट्टी पर लिखा गीत ध्यान में आता है-

जात है मेरी मिट्टी की, मिट्टी मेरी पहचान।
मिट्टी के हम तुम सारे, फिर काहे का अभिमान॥

जिसमें ये पंक्तियां मनुष्य के ज़मीन से जुड़े होने की बात कहती हैं और उसके वजूद का एहसास कराती हैं और उसके वास्तविक स्वरूप का ज्ञान कराती हैं।

(गाँव की एक झलक)

शुरू से ही भारतीयों का जीवन ग्राम आधारित रहा है। जिसकी वजह से भारत को गाँवों का देश कहा जाता रहा है लेकिन भूमंडलीकरण के दौर में आज वो मान्यताएं बदल रही हैं। गाँव पहले स्वावलंबी एवं स्वशासी होने के साथ-साथ अपनी आवश्यकतानुसार सभी वस्तुओं का उत्पादन करते थे। प्राचीन काल में गाँवों का सम्बन्ध केवल राज्य को कर देने से होता था तथा ग्रामीण समाज सदैव की भाँति मंद गति से चलता रहता था और लोग सुखी थे। गाँव गिरांव में कभी नेनुँआ टाटी पर चढ़ के रसोई के दो महीने का इंतजाम कर देता था। कभी खपरैल की छत पर चढ़ी लौकी महीना भर निकाल देती थी; कभी बैसाख में दाल और भतुआ से बनाई सूखी कोहड़ौरी, सावन भादो की सब्जी का खर्चा निकाल देती थी। वो दिन थे, जब सब्जी का खर्चा पता तक नहीं चलता था। उनमें पोषण बहुत था और उसकी कोई कमी नहीं थी क्योंकि दूध, दही और मट्ठा की भरमार थी, सबका काम चलता था। मटर, गन्ना, गुड़ सबके लिए इफरात रहता था। तब जीडीपी का अंकगणितीय करिश्मा नहीं था। ये सब्जियाँ सर्वसुलभ और हर रसोई का हिस्सा थीं। लोहे की कढ़ाई में, किसी के घर रसेदार फूल गोभी सब्जी पके, तो गाँव की गलियां तक गमक जाती थीं। हरी धनिया तो दूर से ही अपना एहसास करा देती थी। किन्तु यह साल में कुछ दिनों ही मिलती थी। आज शहरो में बारहोंमास मिलती है किन्तु अपना एहसास कराने में उतनी सफल नहीं होती। धुंआ एक घर से निकला नहीं कि आग के लिए लोग उपला लेकर दौड़ पड़ते थे। माचिस और लाइटर की ज़रूरत ही नहीं थी।

शाम को रेडियो पर चौपाल और आकाशवाणी के सुलझे हुए समाचारों से दिन रुखसत लेता था। किसान लोगों में कर्ज़ का फैशन नहीं था, फिर बच्चे बड़े होने लगे, बच्चियाँ भी बड़ी होने लगीं। बच्चे सरकारी नौकरी पाते ही अंग्रेज़ी इत्र लगाने लगे। बच्चियों के पापा सरकारी दामाद में नारायण का रूप देखने लगे, किसान क्रेडिट कार्ड डिमांड और ईगो का प्रसाद बन गया। प्रदर्शन प्रभाव का असर ऐसा हुआ कि खर्च कई गुना बढ़ गया। सबसे बड़ी बात तो यह थी कि आपसी मनमुटाव रहते हुए भी अगाध प्रेम रहता था। आज की छुद्र मानसिकता दूर-दूर तक नहीं दिखाई देती थी। कैसी है ये ऊँची शिक्षा, कहाँ तक ले आई। आज हर आदमी एक दूसरे को शंका की निगाह से देख रहा है। विचारणीय है कि क्या सचमुच हम विकसित हुए हैं या यह केवल एक छलावा है। यहाँ आज सुख की परिभाषाएँ बदल रही हैं जिसके चलते समाज में बहुत विसंगतियां पैदा

हो रही हैं। प्रदर्शन प्रभाव का बोल बाला प्रचंड रूप ले रहा है। लोगों का जीवन वास्तविकता के परे हो रहा है क्योंकि दृष्टिकोण बदल रहा। आज समाज में भ्रष्टाचारियों को महिमामंडित किया जाते हुए देखा जा रहा है। ऐसा क्यों हो रहा है? क्या आपने कभी विचार किया है? ऐसा इसलिए हो रहा है क्योंकि मूल्यो में अवनति हो रही है। आज ऐसा देखा जाता है कि संस्कारों की परवाह बहुत कम लोग करते हैं। उचित और अनुचित भेद मिट रहा है। वैसे ऐसा नहीं है कि आज ही ऐसा हो रहा है। सतयुग और त्रेता में भी ऐसे उदाहरण पाए जाते हैं किंतु उनका परिणाम भी हमें पता है, ये किसी से छुपा नहीं है। अतः ये हमें ही निर्धारित करना है कि उचित और अनुचित क्या है? आप के अनुचित कार्य का ख़ामियाज़ा आने वाली कई पीढ़ियों को भुगतना पड़ सकता है।

ग्रामीण समाज में सभी जाति के लोग रहते हैं और अपनी मिट्टी से बहुत प्यार पहले भी करते थे और आज भी करते हैं। सोना जैसी माटी की पहचान सबसे ज़्यादा उसके सच्चे सपूतों को ही होती है। उन्हीं में से एक जाति होती है भूमिहार ब्राह्मण। जिसका भूमि या जमीन से बहुत गहरा जुड़ाव पाया और माना जाता है। यहाँ इस भूमिहार जाति का संक्षिप्त वर्णन लाज़मी प्रतीत होता है। यहाँ इस प्रसंग को जातिगत रूप देने का कोई उद्देश्य नहीं है। उद्देश्य है अपने वजूद से रूबरू होने का।

भूमिहार कौन?

भूमिहार लोग मुख्यतः किसान ही होते हैं, बहुत कम जमींदार होते थे। उस काल में किसानों और जमींदारों के हीत अलग अलग थे क्योंकि देश गुलाम था। स्वामी सहजानंद सरस्वती जो एक महान किसान नेता भी थे, संन्यास से पहले इसी समाज से थे क्योंकि संन्यास के बाद संन्यासियों का किसी समाज या जाति से विशेष से ताल्लुक नहीं रहता है। उनको किसी जाति के बंधन में बाँधना उनके सन्यास और त्याग की मर्यादा के खिलाफ होता है। उन्होंने किसानों और जमींदारों को संगठित कर के अंग्रेज़ों के खिलाफ देश की आजादी के आंदोलन के लिए खड़ा किया। तब से ही बलिया और गाजीपुर देश की आजादी की लड़ाई में बहुत सक्रिय रहे। बलिया में 1942 में स्वतंत्र सरकार के गठन का बीजारोपण इन्हीं सब घटनाओं को माना जा सकता है। स्वामी सहजानंद सरस्वती के योगदान को हम सभी जानते हैं।

देवदत्त राय भी एक जमींदार थे और भूमिहार जाति से ही ताल्लुक रखते थे। वैसे तो भूमिहार वंश की उत्पत्ति के सबन्ध के इतिहास को प्राचीन किवदन्तियों के आधार पर अनेक विद्वानों ने लिपिबद्ध करने का प्रयास किया है। ऐसा माना जाता है कि भगवान परशुराम जी ने क्षत्रियों को पराजित कर जो जमीन थी प्राप्त की थी, उसे ब्राह्मणों को दे दिया। जिसके बाद ब्राह्मणों ने जमींदारी शुरू कर दी और बाद में युद्ध में प्रवीणता भी हासिल कर ली थी। ये ब्राह्मण ही भूमिहार ब्राह्मण कहलाये और तभी से परशुराम जी को भूमिहारों का जनक और भूमिहार-ब्राह्मण वंश का प्रथम सदस्य माना जाता है। भूमिहार ब्राह्मण (अयाचक ब्राह्मण) एक ऐसी सवर्ण जाति है जो अपने शौर्य, पराक्रम एवं बुद्धिमत्ता के लिये जानी जाती है। बिहार, पश्चिमी और पूर्वी उत्तर प्रदेश एवं झारखण्ड में निवास करने वाले भूमिहार जाति अर्थात अयाचक ब्राह्मणों से जाना व पहचाना जाता है। कहा ऐसा भी जाता है कि मगध के महान पुष्य मित्र शुंग और कण्व वंश दोनों ही ब्राह्मण राजवंश भूमिहार ब्राह्मण के थे। भूमिहार ब्राह्मण भगवान परशुराम को प्राचीन समय से अपना मूल पुरुष और कुल गुरु मानते हैं।

आज का वाराणसी, (बनारस राज्य) भूमिहार ब्राह्मणों के आधिपत्य में रहा। इसके अलावा कुछ अन्य बड़े राज्य बेतिया, हथुवा, टिकरी (जहाँ स्व. देवदत्त राय जी अपनी भतीजी तपेश्वरी देवी, जो उदयनरायन राय की बड़ी बेटी थी, की शादी की थी) तमकुही, लालगोला इत्यादि भी भूमिहार ब्राह्मणों के अधिपत्य में रहे। 1857 में हथुवा के भूमिहार ब्राह्मण राजा ने अंग्रेज़ों के खिलाफ सर्वप्रथम बगावत की। बनारस के भूमिहार ब्राह्मण राजा ने अंग्रेज़ वारेन हेस्टिंग और अंग्रेज़ी सेना की ईंट से ईंट बजा दी थी। दंडी स्वामी सहजानंद सरस्वती, जुझौतिया ब्राह्मण, भूमिहार ब्राह्मण, किसान आंदोलन के जनक, महावीर त्यागी, राज नरायण, रामवृक्ष बेनीपुरी, अलगू राय शास्त्री, राष्ट्रकवि रामधारी सिंह दिनकर, राहुल सांकृत्यायन, बनारस के राजा चौत सिंह नें अंग्रेज़ों के खिलाफ विद्रोह किया तथा वारेन हेस्टिंग और अंग्रेज़ी सेना को धूल चटाई। काशी नरेश द्वारा बनारस हिन्दू विश्वविद्यालय के लिए कई हजार एकड़ की भूमि दान में दी गयी थी, वह परोपकारी कार्यों के लिए प्रसिद्ध थे, महान व्यक्ति थे।

भूमिहार ब्राह्मण एवं जाति के बारे में कुछ रोचक एवं ज्ञानवर्धक तथ्य निमन्वत हैं-

1. एम.ए. शेरिंग ने 1872 में अपनी पुस्तक Hindu Tribes & Cast में कहा

है कि, "भूमिहार जाति के लोग हथियार उठाने वाले ब्राहमण हैं (सैनिक ब्राह्मण)।"

2. अंग्रेज़ी विद्वान मि. बीन्स ने लिखा है- "भूमिहार एक अच्छी किस्म की बहादुर प्रजाति है, जिसमें आर्य जाति की सभी विशिष्टताएं विद्यमान हैं। ये स्वभाव से निर्भीक व हावी होने वाले होते हैं।"

3. पंडित अयोध्या प्रसाद ने अपनी पुस्तक "वप्रोत्तम परिचय" में भूमिहार को भूमि की माला या शोभा बढ़ाने वाला, अपने महत्त्वपूर्ण गुणों तथा लोकहितकारी कार्यों से भूमंडल को सुशोभित करने वाला, समाज के हृदयस्थल पर सदा विराजमान- सर्वप्रिय ब्राह्मण कहा है।

4. विद्वान योगेन्द्र नाथ भट्टाचार्य ने अपनी पुस्तक "हिन्दू कास्ट एंड सेक्ट्स" में लिखा है कि भूमिहार ब्राह्मण की सामाजिक स्थिति का पता उनके नाम से ही लग जाता है, जिसका अर्थ है भूमिग्राही ब्राह्मण।

5. पंडित नागानंद वात्स्यायन द्वारा लिखी गई पुस्तक- "भूमिहार ब्राह्मण, इतिहास के दर्पण में"- में इन्हें विशिष्ट ब्राह्मण कहा गया है।

ये कहानी भी एक करईल के गणहा परगना के गढ़ गाँव टुटुवारी, जो अत्यंत सुंदर प्राकृतिक वातावरण से समृद्ध है, वर्षा ऋतु में पतितपावनी माँ गंगा-इस ऋतु में जैसे ऋषि मुनि यहाँ तक कि भगवान राम ने भी चतुर्मास किया है- वैसे ही माँ गंगा यहाँ चतुर्मास करती थीं। जिससे इस इलाके में उर्वरा शक्ति में कई गुना इजाफा हो जाता था। माँ गंगा के आशीर्वाद से पूरा गाँव एवं राय परिवार संपन्न था। जैसा कि आप सब जानते हैं कि भारत एक कृषि प्रधान देश रहा है। यहाँ की पूरी अर्थव्यवस्था कृषि पर निर्भर थी। यहाँ जमींदार लोग एक राजा की भांति अपनी प्रजा के बीच में रहते थे। भूमिहार वंश में शिवनारायण राय, देवदत्त राय और भागवत राय का नाम बड़े आदर से लिया जाता है, इन विभूतियों में आयु अंतराल एक पीढ़ी का था। टुटुवारी गाँव 19वीं सदी में शिवनारायण राय का टुटुवारी कहलाया। जिन्होंने अपने समय में एक प्रजापालक राजा की तरह कार्य एवं लोगों की सेवा की। जिनको लोग आज भी पूजते हैं। सन् 1865 में उन्होंने अपने पुत्र स्व. गणेश प्रसाद राय के जन्म के अवसर पर भगवान् शिव के भव्य मंदिर का निर्माण कराया जिसको आज भी बड़का शिवाला (शिवालय) कहा जाता है। वहीं 20वीं सदी में टुटुवारी देवदत्त और भागवत राय के नाम से जाना और पहचाना गया।

यह वही दौर था जब तीनों भाइयों स्व. महिपत राय, स्व. शिव नारायण राय एवं स्व. रूपनारायण राय के परिवार का विभाजन 1905 में हुआ था। यहाँ यह उल्लेख करना आवश्यक है कि ये विभाजन अभाव का नहीं था बल्कि व्यवस्था का था ताकि परिवार और जन का उचित विकास हो सके। इनमें स्व. देवदत्त राय बहुत कर्मठ, कर्मयोगी एवं प्रगतिशील सोच के धनी व्यक्ति थे। जिन्होनें अपने परिवार को आज के उद्योग जगत (एंटर्टेमेंट सेक्टर) में उतारा और सर्कस कंपनी की स्थापना की। क्योंकि पूरे राय परिवार(स्व. महिपत राय, स्व. शिव नारायण राय एवं स्व. रूपनारायण राय) के पास लगभग $300 \times 3 = 900$ बीघे की करईल की गंगा दोआब की बहुत ही उर्वर भूमि थी जो कमोवेश आज भी है किंतु अब जोतें छोटी हो गयीं हैं। यह इलाका दलहन के लिए मशहूर था जहाँ एक बीघे में 7–8 कुंतल तक मसूर और चना की पैदावार होती थी। इसकी जानकारी अकबर के शासन काल की आईने–ए–अकबरी में मिलती है, जिसमें खेती बाड़ी के रिकॉर्ड के संबंध में बलिया की स्थिति, राजस्व और प्रत्येक परगना के प्रमुख ज़मींधारकों के बारे में जानकारी मिलती है। किंतु आज परिस्थितियां बिलकुल बदल गई हैं। कृषि आज अलाभकारी व्यवसाय बन गयी है। ग्लोबल वार्मिंग का असर प्रत्यक्ष रूप से दिख रहा है, प्रकृति कूपित हो गयी है जिसकी मार किसानों को झेलनी पड़ रही है। किसान की आमदनी कम और खर्च ज़्यादा हो गया है। तथा किसानों की स्थिति बहुत अच्छी नहीं रही, यह जगजाहिर है। आज के ज़्यादातर किसान बैंकों के ऋण तले दबे हुए हैं। सरकार के नए कृषि बिल का असर कितना पड़ेगा, यह भविष्य के गर्भ में छिपा है। हम उम्मीद करते हैं कि यह बिल देश के लिए हितकारी हो।

परिवार का पूरा कृषि का कार्य स्व. देवदत्त राय जी की देखरेख में होता था। जोकि एक कुशल पहलवान, उतने ही कुशल घुड़सवार एवं कर्मयोगी थे जिनको बाद में कृषि पंडित की उपाधि दी गयी थी। उन्हीं के द्वारा भागवत राय के बारे में कहा गया कि एक बार कटाई/मड़ाई के मौसम में रात को बारिश आ गयी। सारे मज़दूर अपने घरों में थे, किसान की पूरी कमाई तो खलिहान में ही रहती है, इसीलिए भारतीय कृषि को मौसम का जुआ कहा जाता है। उस रात ऐसा हुआ कि लगभग 100 बोरी (कुंतल) सरसो खलिहान में पड़ा था और बारिश से नष्ट होने ही वाला था, तो उन्होंने अपने प्रिय भतीजे भागवत राय को याद किया। एक आज्ञाकारी और अनुशासित सिपाही की तरह वह आए और देवदत्त राय से बोले

"काका परेशान न होइए" आपकी मेहनत की कमाई को नष्ट नहीं होने देंगे और अपनी भुजाओं को फड़काते हुए अपनी एक-एक भुजा में एक-एक कुंतल के बोरों को जैसे कोई खिलौने की तरह उठा कर सुरक्षित स्थान पर रख दिया और अपने काका को तसल्ली दी। उसी दिन से भागवत राय पर और विशेष ध्यान देना शुरू हो गया और इसी घटना से सर्कस कंपनी की स्थापना का बीजारोपण देवदत्त राय के मन में हो गया और वो स्वयं सर्कस के लिए अग्रसर हो गये। बताते हैं कि उनके बड़े भाई स्व. उदय नारायण राय जी जो एक सरदार और सही मायने में जमींदार थे, ने इसमें सहमति नहीं दी थी, क्योंकि प्रसिद्ध कविता-

'उत्तम खेती, मध्यम बान निकृष्ट चाकरी, भीख निदान'

उनके ज़हन में लोक विज्ञान पर आधारित कालजयी कहावत रही होगी। जिसका मतलब है- सबसे अच्छी खेती, फिर व्यापार, फिर नौकरी और जब इनमें से कुछ भी न मिले तो भीख माँगकर जीवन-यापन करें। यही वह कहावत है जो पुराने दौर में सबसे अधिक अनुकूल थी। खैर! देश और काल के लिहाज से आज मान्यताएं बदल गयी हैं। क्या मौजूदा दौर में भी यह कहावत प्रासंगिक हो सकती है? आज यह कदापि ऐसा प्रतीत नहीं होता। प्राचीन भारत में खेती मुख्य व्यवसाय रहा है। उसकी सम्पन्नता की कहानियाँ पूरी दुनिया को लुभाती रही हैं। सभी जानते हैं कि उन कहानियों को सुन-सुनकर ही विदेशी आक्रान्ताओं ने इस देश को बारम्बार लूटा था। इसी कारण यूरोप के लोगों ने भारत की खोज के लिए अभियान चलाए थे। अपने-अपने उपनिवेश कायम किए थे। उस दौर में यह सब इसलिए हुआ था क्योंकि सारी दुनिया मानती थी कि भारत के पास अकूत सम्पत्ति है। जाहिर है उस सम्पन्नता का आधार दैवीय कृपा, औद्योगिक क्रान्ति या लूट-खसोट नहीं था। उसका आधार तत्कालीन शासकों द्वारा पोषित व्यवस्था और बहुसंख्यक समाज द्वारा आजीविका के लिए अपनाया खेतिहर मॉडल ही रहा होगा।

बड़े भाई उदय नारायण राय के विरोध के बावजूद भी देवदत्त राय ने अपनी पूरी पूंजी अपने भतीजे के लिए बढ़-चढ़कर सर्कस की स्थापना में लगाया। क्योंकि वो प्रगतिशील सोच रखते थे जो इस बात से सिद्ध होती है। परिवार के कुछ लोगों के कारण सर्कस का प्रयोग विफल रहा और परिवार बहुत मुश्किल परिस्थिति में पड़ गया था। ये तो माटी ने उन्हें बचा लिया अन्यथा परिवार सड़क पर आ

जाता। उनके जीवन में बहुत उतार चढ़ाव आए, अपने प्रिय भतीजे भागवत राय को 45 वर्ष की अवस्था में खोना, उसके बाद अपने दो पुत्रों स्व. सुरेन्द्र नाथ राय 40 वर्ष एवं स्व. जितेंद्र नाथ राय को भी 44 वर्ष की युवावस्था में खोना बहुत बड़ा झटका था। वो इन घटनाओं से काफी स्तब्ध थे। आप उनकी स्थिति को महसूस कर सकते हैं। किन्तु ये अपनी भारतीय संस्कृति आत्मा की अमरता में विश्वास रखती है और भारतीयों को टूटने से बचाती है। यद्यपि यह दौर उनके लिए बहुत कठिन था किन्तु इतना सब होने के बावजूद उन्होंने फिर भी हार नहीं मानी एवं एक पूर्ण बैंक तो नहीं लेकिन आज के माइक्रो बैंकिंग सिस्टम जैसा एक समानान्तर बैंक सिस्टम बनाया और चलाया और आस पास के गावों के लिए बैंक जैसा कार्य किया जैसे आज कल के आधुनिक बैंकिंग पद्धति में पाया जाता है। जिसके प्रमाण आज भी उपलब्ध हैं।

संयुक्त परिवार में संपन्नता भरपूर थी और पूरे क्षेत्र के लोगों के लिए अनुकरणीय थी। जिसका ज़िक्र प्रसिद्ध कवि और लेखक डॉ. विवेकी राय ने अपनी किताब “सोना माटी” में किया है, जिसमें लिखा है- “100 बरध (जानवर) और 100 मर्द (पुरुष) का परिवार एक साथ बड़े प्यार से रहता था। जो भारतीय संयुक्त परिवार का एक सर्वोत्तम उदाहरण था।”

सोनामाटी

सोना दुनिया की बहुमूल्य धातुओं में से एक है और अपनी विशिष्टता के कारण सदियों से सबको आकर्षित करता आया है। लेकिन सवाल यह है कि पाया कहाँ जाता है? निःसंदेह मिट्टी में। इसलिए मिट्टी के महत्त्व को सभी जानते और समझते हैं और उससे प्यार करते हैं इसलिए आज हम सोना और माटी दोनों पर बात करेंगे। दो शब्द सोना और माटी को मिलाने से जो नया शब्द बनता है, वही सोनामाटी कहलाता है। अपनी सोनामाटी से प्रेम और देश के लिए कुछ कर गुजरने का जज़्बा हर नागरिक में होता है। यहाँ तक कि हिंदी सिनेमा ने भी इस मुहब्बत और जज्बे को बखूबी अभिव्यक्त किया है। आज भी देशभक्ति के कई ऐसे गाने हैं जो लोकप्रिय हैं। बदलते वक़्त के साथ इनकी लोकप्रियता में इजाफा ही हुआ है। कुछ ऐसे बेशकीमती गीत हैं जो हर नागरिक को माटी के प्रति अपनी मुहब्बत का इजहार करने के लिए अल्फाज देते हैं। पूर्व प्रधानमंत्री लाल बहादुर शास्त्री के नारे ‘जय जवान जय किसान’ के नारे को केंद्र में रखकर

सत्तर के दशक में आई फिल्म 'उपकार' में माटी के महत्त्व को गीत और संगीत का रंग दिया। माटी और देश के महत्त्व को समझने के लिए उस गीत को उद्धृत करने से अपने आप को रोक नहीं पा रहा हूँ-

मेरे देश की धरती सोना उगले,
उगले हीरे मोती, मेरे देश की धरती॥
बैलों के गले में जब घुंघरू जीवन का राग सुनाते हैं,
गम कोस दूर हो जाता है खुशियों के कंवल मुस्काते हैं।
सुनके रहट की आवाज़ें यूं लगे कहीं शहनाई बजे,
आते ही मस्त बहारों के दुल्हन की तरह हर खेत सजे।
जब चलते हैं इस धरती पर हल ममता अंगड़ाइयाँ लेती है,
क्यूं ना पूजें इस माटी को जो जीवन का सुख देती है।
इस धरती पर जिसने जनम लिया, उसने ही पाया प्यार तेरा,
यहां अपना पराया कोई नहीं है सब पर है मां उपकार तेरा।
मेरे देश की धरती सोना उगले, उगले हीरे मोती
मेरे देश की धरती॥
ये बाग है गौतम नानक का, खिलते हैं चमन के फूल यहां,
गांधी, सुभाष, टैगोर, तिलक, ऐसे हैं अमन के फूल यहां।
रंग हरा हरी सिंह नलवे से रंग लाल है लाल बहादुर से,
रंग बना बसंती भगत सिंह रंग अमन का वीर जवाहर से।
मेरे देश की धरती सोना उगले, उगले हीरे मोती
मेरे देश की धरती॥

वही मिट्टी जब आपको जीविका देने लगती है तो माटी कहलाती है। आप सभी ने ध्यान दिया होगा कि जब सूखी माटी पर बारिश की बूंदें गिरती हैं तो सौंधी-सी खुशबू आती है जो सबको मदमस्त कर देती है। ऐसा क्यों होता है? क्या इसके पीछे कोई वैज्ञानिक कारण है? आइये इसको समझने की भी कोशिश करते हैं।

बारिश सबको अधिकतर अच्छी लगती है। गर्मी के मौसम में बारिश का सबको इंतजार रहता है। जब बारिश की बूंदें सूखी धरती पर पड़ती हैं तो एक अलग प्रकार की सौंधी खुशबू आती है जो सबका मन मोह लेती है। परन्तु क्या आपने कभी सोचा है कि ये खुशबू क्यों आती है, इसके पीछे क्या कारण हो सकता है? आइये इसके पीछे के कारणों को जानते हैं।

पहला कारण है वायुमंडल में ओजोन गैस का होना। वैज्ञानिकों के अनुसार बारिश के बाद वायुमंडल में फैली हुई ओजोन गैस की कुछ मात्रा पानी में घुल जाती है, जिसकी वजह से महक या खुशबू आती है। हम आपको बता दें कि ओजोन गैस की गंध क्लोरीन गैस की तरह थोड़ी तीखी होती है।

दूसरा कारण है बैक्टीरिया का होना। वैज्ञानिकों के अनुसार मिट्टी में एक अलग प्रकार का बैक्टीरिया पाया जाता है जिसके कारण भी महक आती है।

तीसरा कारण है पेड़ों का या पौधों का लगातार एक प्रकार का तेल स्रावित करते रहना। जब बारिश पड़ती है तब उसकी बूंदों के साथ यह तेल तेजी से पूरे वातावरण में फैल जाता है। वैज्ञानिकों के अनुसार बारिश, पानी और मिट्टी कुछ इस प्रकार क्रिया करते हैं, जिससे एक अजीब-सी खुशबू या सुगंध आती है।

ये हम सब जानते हैं कि अकेले बारिश की बूंदों में कोई खुशबू नहीं होती है, परन्तु जब ये धरती को स्पर्श करती हैं और धूलकणों से मिलती हैं तब एक प्रकार की सौंधी खुशबू आती है। इस खुशबू को 'पेट्रिकोर' कहा जाता है। यह ग्रीक भाषा के शब्द पेट्रा से बना है। दरअसल, पौधों द्वारा उत्सर्जित किए गए कुछ तैलीय पदार्थ व बैक्टीरिया द्वारा उत्सर्जित कुछ विशेष रसायन बारिश की बूंदों के साथ प्रतिक्रिया करते हैं, जिसके परिणामस्वरूप हम ऐसी सौंधी खुशबू महसूस करते हैं। तो अब आप जान गए होंगे कि किस प्रकार बैक्टीरिया और पौधों में मौजूद तेल बारिश के बाद मिट्टी से सौंधी खुशबू बिखेरने में महत्त्वपूर्ण भूमिका निभाते हैं।

मिट्टी कैसे उपजाऊ बनती है? हम लोग तरह-तरह के फल, सब्जियाँ, दालें व अन्न वगैरह तो बड़े चाव से खाते हैं, लेकिन क्या आपने कभी यह भी सोचा है कि जिस मिट्टी में ये उगते हैं वह कैसे बनती है? चलिए इस बारे में बात करते हैं। ज़मीन के अंदर गहराई तक मिलने वाली और बहुत मामूली-सी दिखने वाली यह मिट्टी असल में बहुत जटिल प्रक्रिया के दौरान कई लाख सालों में बनकर तैयार हुई है। अभी हमें भले ही यह बारीक चूर्ण के रूप में दिखाई देती हो, लेकिन लाखों साल पहले यह बड़े-बड़े चट्टानों के रूप में हुआ करती थी। हवा, पानी, बर्फ, गर्मी, सर्दी और कार्बनिक अम्लों की प्राकृतिक-जैविक क्रियाओं-प्रतिक्रियाओं के कारण इन चट्टानों का धीरे-धीरे क्षरण होता रहा और ये छोटे-छोटे टुकड़ों में बंटते रहे। आगे चलकर ये छोटे टुकड़े और छोटे होकर रेत

में बदल गए। इस दौरान बीच-बीच में इनमें कई जैविक चीजें भी शामिल होती रहीं। पेड़-पौधे, उनकी पत्तियां, टहनियां और जानवरों के अवशेष वगैरह भी इनमें सड़-गलकर मिलते रहे। इसी तरह, बैक्टीरिया व दूसरे सूक्ष्म जीव भी इस रेत में मौजूद खनिज तत्त्वों के साथ मिलकर दूसरे जटिल व उपयोगी पदार्थ बनाते रहे। हजारों-लाखों सालों तक लगातार इस क्रम के चलते रहने से मिट्टी तैयार होती है।

❑

भारतीय अर्थव्यवस्था ब्रिटिश काल एवं पूर्वः एक परिदृश्य

राय परिवार द्वारा 1925 में सर्कस कम्पनी की स्थापना आज हमें उस समय की देश काल और परिस्थिति एवं अर्थव्यवस्था के जानने और समझने के लिए प्रेरित करती है। लगभग 100 साल पहले ग्रामीण परिवेश में रहते हुए कृषि के बल पर सर्कस कम्पनी जैसा बड़ा कदम कोई सामान्य बात नहीं रही होगी। ये एक बात और दर्शाती है कि कृषि की स्थिति काफी अच्छी रही होगी। आज ऐसा कार्य केवल कृषि के बल पर असम्भव है। वह भी तब जब देश गुलामी की जंजीरों में जकड़ा हुआ था।

आज के जैसी कोई राजकीय व बैंक जैसी उद्योग को सहायता देने वाली कोई सुनियोजित संस्थाए नहीं थीं। निश्चित रूप से आय का मुख्य स्रोत खेतीबाड़ी ही रहा होगा। यहाँ यह तो सुनिश्चित हो जाता है कि परिवार की सोच प्रगतिशील रही होगी अन्यथा मौज और मस्ती से जीवनयापन करने की कोई दिक्कत नहीं जान पड़ती है। हम सब जानते हैं कि धरती पर उपस्थित सभी जीवों में मनुष्य सबसे समझदार प्राणी है, उसके विकास की एक लम्बी और वैज्ञानिक कहानी है। मनुष्य ये भी जनता है कि उसके जीवन का अंतिम लक्ष्य- सुख, शांति और जन्म-मृत्यु के बंधन से मुक्त होकर मोक्ष पाना ही होता है।

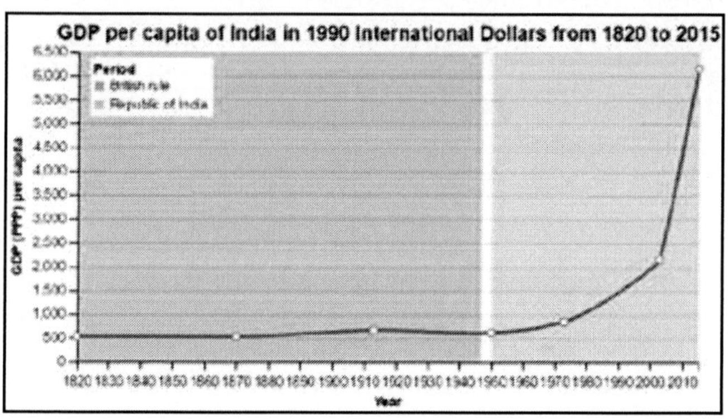

भारत का सकल घरेलू उत्पाद (1820 से 2015 तक)

आगे बढ़ने से पहले एक नज़र इस चार्ट पर दौड़ाते हैं जो भारत की लगभग 100 वर्षों की आर्थिक यात्रा की कहानी कहता है। मानव जीवन में चारों पुरुषार्थों धर्म, अर्थ, काम और मोक्ष का विशिष्ट स्थान है। इसलिए इन्हें 'पुरुषार्थचतुष्ट्य' भी कहते हैं। यहाँ पुरुषार्थ से तात्पर्य मानव के लक्ष्य या उद्देश्य से है। पुरुषार्थ= पुरुष+अर्थ, अर्थात मानव को 'क्या' प्राप्त करने का प्रयत्न करना चाहिए। वस्तुतः इन पुरुषार्थों ने ही भारतीय संस्कृति में आध्यात्मिकता के साथ भौतिकता का एक अद्‌भुत समन्वय स्थापित किया है। प्राचीन काल में ही भारतीय मनीषियों ने धर्म और अर्थ को वैज्ञानिक ढंग से समझने का प्रयत्न किया था। धर्म और अर्थ का विवेचन करते समय समझाया गया है कि धर्म वह है जो जीवन के ऐहिक और पारलौकिक दोनों पक्षों को जोड़ता है। धर्म की इससे अधिक उदार परिभाषा और क्या हो सकती है? धर्म शब्द का अर्थ अत्यन्त गहन और विशाल है। इसके अन्तर्गत मानव जीवन के उच्चतम विकास के साधनों और नियमों का समावेश होता है।

धर्म कोई उपासना पद्धति न होकर एक विराट और विलक्षण जीवन-पद्धति है। धर्म में रह कर ही अर्थोपार्जन अथवा धन का संचय या आम भाषा में कमाई श्रेष्ठ है। यह दिखावा नहीं, दर्शन है। यह प्रदर्शन नहीं, प्रयोग है। धर्म, ज्ञान और आचरण की खिड़की खोलता है और उचित माध्यम से धनोपार्जन की राह दिखाता है। धर्म आदमी को पशुता से मानवता की ओर प्रेरित करता है। अनुशासन और ईमानदारी के अनुसार चलना ही धर्म है। आज कल कुछ लोग धर्म को पूजा पद्धति से जोड़कर उसकी सीमा को संकुचित कर रहे हैं। धर्म को ही सम्प्रदाय समझने लगे हैं। हृदय की पवित्रता ही धर्म का वास्तविक स्वरूप है। धर्म का सार जीवन में संयम का होना है और स्वीकार्यता और व्यापकता को बढ़ाना है।

अनेक प्राचीन संस्कृत ग्रन्थों में अर्थ या धन की प्रशंसा तो कहीं निन्दा की गयी है। आचार्य भर्तृहरि ने कहा है-

'सर्वे गुणा कांचनम् आश्रयन्ते।'

अर्थात सभी गुणों का आधार स्वर्ण ही है। यहाँ भ्रम से बचाने के लिए यह उल्लेख ज़रूरी है कि उसका स्रोत क्या है? उचित या अनुचित। चोरी किया हुआ सोना गुण नहीं देगा। अवगुण ही देगा।

चाणक्यसूत्र में कहा गया है-

सुखस्य मूलं धर्मः। धर्मस्य मूलं अर्थः।
अर्थस्य मूलं राज्यं। राज्यस्य मूलं इन्द्रिय जयः।
इन्द्रियजयस्य मूलं विनयः। विनयस्य मूलं वृद्धोपसेवः॥

अर्थात् सुख का मूल है, धर्म। धर्म का मूल है, अर्थ। अर्थ का मूल है, राज्य। राज्य का मूल है, इन्द्रियों पर विजय। इन्द्रियजय का मूल है, विनय। विनय का मूल है, ज़रूरत मंदो की सेवा। यही सब शास्त्रीय बातें हमारे अंधकार के पट खोलती है। खैर! ये तो हो गयी शास्त्र सम्मत धर्म और अर्थ की व्याख्या, अब हम दुनिया की अर्थ की व्यावहारिक बात करते हैं, भारतवर्ष ने बहुत परिवर्तन देखे हैं क्योंकि आक्रांताओं ने इस देश को बहुत लूटा है।

भारत का बहुत प्राचीन काल से विदेशों से व्यापार हुआ करता था। यह व्यापार स्थल मार्ग और जल मार्ग दोनों से होता था। इन मार्गों पर एकाधिकार प्राप्त करने के लिए विविध राष्ट्रों में समय-समय पर संघर्ष हुआ करता था। अफ्रीका के पूर्वी किनारे से लेकर चीन समुद्र तक समुद्र तट पर अरब व्यापारियों की कोठियां स्थापित हो गईं। यूरोप में भारत का जो माल जाता था वह इटली के दो नगर जेनेवा और वेनिस से जाता था। ये नगर भारतीय व्यापार से मालामाल हो गए। हमने इतिहास में पढ़ा है कि वे भारत का माल कुस्तुन्तुनिया की मंडी से खरीदते थे। इन नगरों की धन समृद्धि को देखकर यूरोप के अन्य राष्ट्रों को भारतीय व्यापार से लाभ उठाने की प्रबल इच्छा उत्पन्न हुई। इस इच्छा की पूर्ति में सफल न हो सके। बहुत प्राचीन काल से यूरोप के लोगों का अनुमान था कि अफ्रीका होकर भारतवर्ष तक समुद्र द्वारा पहुंचने का कोई न कोई मार्ग अवश्य है। चौदहवीं शताब्दी में यूरोप में एक नए युग का प्रारंभ हुआ। नए-नए भौगोलिक प्रदेशों की खोज आरंभ हुई। कोलम्बस ने सन् 1492 ईस्वी में अमेरिका का पता लगाया और यह प्रमाणित कर दिया कि अटलांटिक के उस पार भी भूमि है। पुर्तगाल की ओर से बहुत दिनों से भारतवर्ष के आने के मार्ग का पता लगाया जा रहा था। अंत में, अनेक वर्षों के प्रयास के उपरांत सन् 1498 ई. में वास्कोडिगामा शुभाशा अंतरीप (cape of good hope) को पार कर अफ्रीका के पूर्वी किनारे पर आया; और वहाँ से एक गुजराती नियामक को लेकर मालाबार में कालीकट (भारत) पहुंचा। पुर्तगालवासियों ने धीरे-धीरे पूर्वी व्यापार को अरब के व्यापारियों से छीन लिया। इस व्यापार से पुर्तगाल की बहुत श्री-वृद्धि हुई। देखा-देखी, डच अंग्रेज़ और फ्रांसीसियों ने भी भारत से व्यापार करना शुरू किया। यह विदेशी व्यापारी

भारत से मसाला, मोती, जवाहरात, हाथी दांत की बनी चीजें, ढाके की मलमल और आबेरवां, मुर्शीदाबाद का रेशम, लखनऊ की छींट, अहमदाबाद के दुपट्टे, नील आदि पदार्थ ले जाया करते थे और वहां से शीशे का सामान, मखमल साटन और लोहे के औजार भारतवर्ष में बेचने के लिए लाते थे। हमें इस ऐतिहासिक तथ्य को नहीं भूलना चाहिए कि भारत में ब्रिटिश सत्ता का आरंभ एक व्यापारिक कंपनी की स्थापना से हुआ। अंग्रेज़ों की राजनीतिक महत्वाकांक्षा तथा चेष्टा भी इसी व्यापार की रक्षा और वृद्धि के लिए हुई थी।

इसके लिए सर्वप्रथम हमें अर्थशास्त्र के महत्त्व एवं उसकी उपादेयता पर ध्यान देना होगा। आज के भौतिकवादी समाज में अर्थशास्त्र का महत्त्व बड़ी तीव्रता से बढ़ता जा रहा है। संयुक्त राष्ट्र संघ की एक रिपोर्ट के अनुसार अर्थशास्त्र पर लगभग 1,000 ग्रंथ या लेख प्रतिदिन विश्व में प्रकाशित हो रहे हैं। राजनीति विज्ञान के बाद लोकप्रियता में अर्थशास्त्र का ही स्थान है। वस्तुतः अर्थशास्त्र का प्रयोग मानव मात्र के कल्याण के हेतु ही होना चाहिए अन्यथा केवल भौतिक साधन जुटाने का लक्ष्य रखकर हम चलें तो एक दिन यह पूरी मानवता को ले डूबेगा। संतोष की बात है कि अब अर्थशास्त्री इस बात को समझने लगे हैं। भारत का प्राचीन दर्शन इस तथ्य को प्रारंभ से जानता है कि केवल भौतिक साधनों का बाहुल्य ही मनुष्य को सुखी नहीं कर सकता। 'वसुधैव कुटुम्बकम्' सनातन धर्म का मूल संस्कार तथा विचारधारा है। जो उपनिषद सहित कई ग्रन्थों में लिपिबद्ध है। इसका अर्थ है- धरती ही परिवार है। यह वाक्य भारतीय संसद के प्रवेश कक्ष में भी अंकित है। महान अर्थशास्त्री प्रो. शुंपीटर ने अपने नवीनतम लेख 'अर्थशास्त्र का भविष्य' में स्वीकार किया है कि सिद्धांत रूप से आर्थिक विश्लेषण चाहे जितनी प्रगति कर ले, व्यवहार में उसे हमेशा शांति, सुख एवं कल्याण के हेतु ही कार्य करना होगा। यदि अर्थशास्त्र समस्त मानव के समान कल्याण के हेतु कार्य कर सके तो इसका भविष्य बहुत उज्ज्वल होगा। इसी कारण अब अर्थशास्त्र में नोबेल पुरस्कार भी 1970 से दिया जाने लगा है।

भारत में अर्थशास्त्र-

अर्थशास्त्र में अर्थसंबंधी बातों की प्रधानता होना स्वाभाविक है। परंतु हमको यह नहीं भूलना चाहिए कि ज्ञान का उद्देश्य अर्थ प्राप्त करना ही नहीं है, सत्य की खोज द्वारा विश्व के लिए कल्याण, सुख और शांति प्राप्त करना भी है।

अर्थशास्त्र यह भी बताता है कि मनुष्यों के आर्थिक प्रयत्नों द्वारा विश्व में सुख और शांति कैसे प्राप्त हो सकती है। अर्थशास्त्र का उद्देश्य भी विश्वकल्याण ही है। अर्थशास्त्र का दृष्टिकोण अंतर्राष्ट्रीय है, यद्यपि उसमें व्यक्तिगत और राष्ट्रीय हितों का भी विवेचन रहता है। यह संभव है कि इस शास्त्र का अध्ययन कर कुछ व्यक्ति या राष्ट्र धनवान हो जाएँ और अधिक धनवान होने की चिंता में दूसरे व्यक्ति या राष्ट्रों का शोषण करने लगें, जिससे विश्व की शांति भंग हो जाए। इसके बहुत उदाहरण हमनें पढ़े हैं और देख भी रहे हैं। आज विस्तारवादी ताकतें जैविक हथियारों का प्रयोग करने से भी हिचक नहीं रही हैं। यह वैश्विक महामारी कोरोना इसी की सुनियोजित योजना लगती है। यह महामारी पूरी मानवता पर त्रासदी बन कर टूटी है। ये सब कार्य अर्थशास्त्र के अनुरूप या उचित नहीं कहे जा सकते हैं, क्योंकि अर्थशास्त्र तो उन्हीं कार्यों का समर्थन कर सकता है, जिसके द्वारा विश्वकल्याण की वृद्धि हो और उसका दृष्टिकोण अंतर्राष्ट्रीय हो।

वैसे तो अर्थशास्त्र बहुत प्राचीन विद्या है। चार उपवेद अति प्राचीन काल में बनाए गए थे। इन चारों उपवेदों में अथर्ववेद भी एक उपवेद माना जाता है, परन्तु अब यह उपलब्ध नहीं है। कौटिल्य का अर्थशास्त्र ही एक ऐसा ग्रंथ है जो अर्थशास्त्र के विषय पर उपलब्ध क्रमबद्ध ग्रंथ है, इसलिए इसका महत्त्व सबसे अधिक है। आचार्य कौटिल्य, चाणक्य के नाम से भी प्रसिद्ध हैं। ये चंद्रगुप्त मौर्य के महामंत्री थे। इनका ग्रंथ 'अर्थशास्त्र' पंडितों की राय में प्रायः 2,300 से 2,600 वर्ष पुराना है। आचार्य कौटिल्य के मतानुसार अर्थशास्त्र का क्षेत्र पृथ्वी को प्राप्त करने और उसकी रक्षा करने के उपायों पर विचार करना है। उन्होंने अपने अर्थशास्त्र में ब्रह्मचर्य की दीक्षा से लेकर देशों की विजय करने की अनेक बातों का समावेश किया है। उसमें न्यायालयों की स्थापना, विवाह संबंधी नियम, शत्रुओं पर चढ़ाई के तरीके, किलाबंदी, संधियों के भेद, व्यूह रचना इत्यादि बातों का विस्तार से विचार आचार्य कौटिल्य ने अपने ग्रंथ में किया है। प्रमाणतः इस ग्रंथ की कितनी ही बातें अर्थशास्त्र के आधुनिक काल में निर्दिष्ट क्षेत्र से बाहर की हैं। उसमें राजनीति, दंडनीति, समाजशास्त्र, नीतिशास्त्र इत्यादि विषयों पर भी विचार हुआ है। आर्थिक इतिहासकार अंगस मैडीसन् की पुस्तक द वर्ल्ड इकॉनमीः ए मिलेनियल पर्स्पेक्टिव (विश्व अर्थव्यवस्थाः एक हज़ार वर्ष का परिप्रेक्ष्य) के अनुसार भारत विश्व का सबसे धनी देश था और 17वीं सदी तक दुनिया की सबसे बड़ी अर्थव्यस्था था।

अर्थशास्त्र का वर्तमान रूप में विकास पाश्चात्य देशों में (विशेषकर इंग्लैंड में) हुआ। ऐडम स्मिथ वर्तमान अर्थशास्त्र के जन्मदाता माने जाते हैं। उन्होंने 'राष्ट्रों की संपत्ति' (वेल्थ ऑफ नेशन्स) नामक ग्रंथ लिखा। यह सन् 1776 ई. में प्रकाशित हुआ। इसमें उन्होंने यह बताया है कि प्रत्येक देश के अर्थशास्त्र का उद्देश्य उस देश की संपत्ति और शक्ति बढ़ाना है। उनके बाद माल्थस, रिकार्डो, मिल, जेवंस, कार्ल मार्क्स, सिजविक, मार्शल, वाकर, टासिग और राबिंस ने अर्थशास्त्र संबंधी विषयों पर सुंदर रचनाएँ कीं। कुछ अर्थशास्त्रियों के अनुसार अर्थशास्त्र के अध्ययन का मुख्य विषय मनुष्य है और उसकी आर्थिक उन्नति के लिए जिन-जिन बातों की आवश्यकता है, उन सबका विचार अर्थशास्त्र में किया जाना आवश्यक है। जैसा कि कौटिल्य के अर्थशास्त्र में पाया जाता है, परंतु कुछ अर्थशास्त्री राजनीति से अर्थशास्त्र को अलग रखना चाहते हैं। कार्ल मार्क्स का समाजवाद, जो मनुष्य के श्रम को ही उत्पति का साधन मानता है और पूंजीपतियों तथा जमींदारों का नाश करके मज़दूरों की उन्नति चाहता है। वह मज़दूरों का राज भी चाहता है। यहाँ अर्थशास्त्र के क्षेत्र के संबंध में बहुत मतभेद भी है। क्योंकि इसका माडल क्या हो? इसका निर्णय वहाँ के शासक देशकाल और परिस्थितियों के अनुसार करते हैं।

आधुनिक विश्व का आर्थिक इतिहास

द्वितीय विश्व युद्ध के बाद अमेरिका और सोवियत संघ में शीत युद्ध छिड़ गया। यह कोई युद्ध नहीं था परन्तु इससे विश्व दो भागों में बँट गया। शीत युद्ध के दौरान अमेरिका, इंग्लैंड, जर्मनी (पश्चिम), आस्ट्रेलिया, फ्रांस, कनाडा, स्पेन एक तरफ थे। ये सभी देश लोकतंत्रिक थे और यहाँ पर खुली अर्थव्यवस्था की नीति को अपनाया गया। लोगों को व्यापार करने की खुली छूट थी। शेयर बाजार में पैसा लगाने की छूट थी। इन देशों में बहुत सारी बड़ी-बड़ी कम्पनियाँ बनीं। इन कम्पनियों में नये-नये अनुसंधान हुए। विश्वविद्यालय, सूचना प्रौद्योगिकी, इंजीनियरिंग उद्योग, बैंक आदि सभी क्षेत्रों में जमकर तरक्की हुई। ये सभी देश दूसरे देशों से व्यापार को बढ़ावा देने की नीति को स्वीकारते थे। 1945 के बाद से इन सभी देशों ने खूब तरक्की की।

दूसरी तरफ रूस, चीन, म्यांमार, पूर्वी जर्मनी सहित कई और देश थे जहाँ पर समाजवाद की अर्थ नीति अपनायी गयी। यहाँ पर अधिकांश उद्योगों पर कड़ा

सरकारी नियंत्रण होता था। उद्योगों से होने वाले लाभ पर सरकार का अधिकार रहता था। सामान्यत: ये देश दूसरे लोकतांत्रिक देशों के साथ बहुत कम व्यापार करते थे। इस तरह की अर्थ नीति के कारण यहां के उद्योगों में अधिक प्रतिस्पर्धा नहीं होती थी। आम लोगों को भी लाभ कमाने के लिये कोई प्रोत्साहन नहीं था। इन कारणों से इन देशों में आर्थिक विकास बहुत कम हुआ।

ब्रिटिश काल के पूर्व भारतीय अर्थव्यवस्था

18वीं शताब्दी के आरंभिक दिनों में भारतीय अर्थव्यवस्था ग्राम आधारित थी, जो स्वावलंबी एवं स्वशासी होने के साथ-साथ अपनी आवश्यकतानुसार सभी वस्तुओं का उत्पादन करती थी। गाँवों का सम्बन्ध केवल राज्य को कर देने से होता था तथा ग्रामीण समाज सदैव की भाँति मंद गति से चलता रहता था, भले ही कोई शासक या वंश परिवर्तित हो गया हो। यूरोपियों ने एशियाई समाज के इस अपरिवर्तनशील रूप के बारे में कहा था कि यह नश्वर संसार में भी अनश्वर है। दूसरी ओर, भारत में उत्पादित वस्तुओं की मांग पूरे विश्व में बढ़ने लगी, जैसे- आगरा, लाहौर, मुर्शिदाबाद तथा गुजरात का रेशमी कपड़ा, कश्मीर की ऊनी शॉल, ढाका, अहमदाबाद, मसुलीपट्टनम का सूती कपड़ा, सोने-चाँदी के आभूषण, धातु का सामान, हथियार आदि। इसके साथ ही नगरों में भी धीरे-धीरे हस्तशिल्प उद्योग बढ़ने लगे थे। किन्तु मुगल साम्राज्य का विघटन होने के कारण आर्थिक-व्यवस्था का भी विघटन होने लगा तथा भारतीय राजाओं के आपसी युद्धों से आर्थिक क्रियाकलापों पर बहुत बुरा प्रभाव पड़ा। यूरोपीय व्यापारिक कम्पनियों ने इन युद्धों का लाभ उठाकर राजनीति में हस्तक्षेप किया तथा 1757 ई. की प्लासी विजय के पश्चात् ब्रिटिश ईस्ट इंडिया कंपनी धीरे-धीरे साम्राज्य की स्वामिनी बन गई। यूरोपीय कंपनी यहीं नहीं रुकी बल्कि विजित क्षेत्रों पर अपना नियत्रंण और भी सुदृढ़ करने के लिये आर्थिक-प्रशासनिक नीतियों में समयानुसार परिवर्तन करती रही।

ब्रिटिश काल में भारत की अर्थव्यवस्था

प्लासी (1757 ई.) और बक्सर (1764 ई.) के युद्धों के बाद अंग्रेज़ों ने बंगाल की समृद्धि पर अपना अधिकार स्थापित कर लिया। फलत: भारतीय अर्थव्यवस्था अधिशेष तथा आत्मनिर्भरतामूलक अर्थव्यवस्था से औपनिवेशिक अर्थव्यवस्था में

परिवर्तित हो गयी। प्लासी के युद्ध के बाद बंगाल के अंतर्देशीय व्यापार में अंग्रेज़ों की भागीदारी बढ़ गयी। कंपनी के कर्मचारियों ने व्यापार के लिए प्रतिबंधित वस्तुओं जैसे नमक, सुपारी और तंबाकू के व्यापार पर भी अधिकार कर लिया। बंगाल विजय से पूर्व, अंग्रेज़ी सरकार ने अपने कपड़ा उद्योग के संरक्षण के लिए विविध प्रयास किए। इनमें भारत से आने वाले रंगीन तथा छपे हुए वस्त्रों के प्रयोग पर इंग्लैण्ड में प्रतिबंध आदि प्रमुख है। भारतीय अर्थव्यवस्था को ब्रिटिश औपनिवेशिक अर्थव्यवस्था में परिवर्तित करने के पीछे ब्रिटिश सरकार का मुख्य उद्देश्य अपने उद्योगों के लिए अच्छा व सस्ता माल प्राप्त करना और अपने उत्पादों को भारतीय बाजार में ऊंची कीमतों पर बेचना था और भारत को चूसना था।

कम्पनी शासन ने भारत की राजनीतिक व्यवस्था के साथ-साथ यहाँ की सामाजिक और आर्थिक व्यवस्था को भी गंभीर रूप से प्रभावित किया। कम्पनी शासन के साथ ही भारतीय समाज में एक नई सामाजिक व्यवस्था सामने आई जिसका आधार जाति व श्रम न होकर व्यावसायिक उपलब्धियों तथा मुक्त प्रतिस्पर्धा पर आधारित नई आर्थिक शक्तियाँ थीं। अंग्रेज़ों ने अपने राज्य विस्तार एवं प्रशासनिक तंत्र के साथ-साथ भारत के संदर्भ में सामाजिक-सांस्कृतिक नीतियों का विकास किया, जो ब्रिटिश औपनिवेशिक हितों के अनुसार समय-समय पर परिवर्तित होती रहीं। ब्रिटिश शासन ने समाज के विभिन्न वर्गों, यथा-जमींदार वर्ग, देशी राजे-रजवाड़े, कृषक वर्ग, पूंजीपति वर्ग, मज़दूर वर्ग, नारी वर्ग, आदिवासी वर्ग आदि को प्रत्यक्ष रूप से प्रभावित किया। साथ ही अंग्रेज़ों के शासन ने भारत की शिक्षा प्रणाली, प्रेस, स्थानीय स्वशासन, लोक-सेवा तथा विदेश नीति को भी गंभीर रूप से प्रभावित किया। भारत में ब्रिटिश शिक्षा नीति ब्रिटिश औपनिवेशिक हितों के अनुकूल परिचालित होती थी, क्योंकि अंग्रेज़ों की शिक्षा नीति का उद्देश्य एक ऐसा वर्ग तैयार करना था जो ब्रिटिश औद्योगिक बाजार का भारत में विस्तार कर सके। ब्रिटिश शासनकाल के दौरान भारत में मानवजनित अकालों की संख्या बढ़ी किन्तु अंग्रेज़ों द्वारा बनाई गई अकाल नीति का शोर केवल उत्पादन तथा कार्य-दिवस पर ही था, श्रमिकों की सुविधाओं पर नहीं। इस काल में लोकतंत्र का चौथा स्तंभ कहा जाने वाला मीडिया, प्रेस, जनसंचार साधन आदि का भी संकुचित विकास हुआ। सिविल सेवाओं में तो भारतीयों को इस परीक्षा के योग्य ही नहीं समझा जाता था, किन्तु कुछ राष्ट्रवादी नेताओं के अथक प्रयत्नों से भारतीयों को भी सिविल सेवा की परीक्षा देने का मौका मिला।

1835 में राज दरबार की भाषा अंग्रेज़ी हो गई और अंग्रेज़ी शिक्षा को प्रोत्साहन देने का निश्चय हुआ और असली गुलामी यहीं से शुरू हुई। धर्म-शास्त्र और शरह का अंग्रेज़ी में अनुवाद किया गया और एक 'लॉ कमीशन' नियुक्त कर एक नया दंड विधान और अन्य नए कानून तैयार किए गए। सन् 1853 ई. में धर्म स्थानों का प्रबंध स्थानीय समितियां बनाकर उनके सुपुर्द कर दिया गया। सन् 1854 में अदालतों में जो थोड़े-बहुत पंडित और मौलवी बच गए थे वे भी हटा दिए गए। इस प्रकार देश की पुरानी संस्थाएं नष्ट हो गई और हिंदू और मुसलमानों की यह धारणा होने लगी कि अंग्रेज़ उन्हें ईसाई बनाना चाहते हैं। इन्हीं परिवर्तनों का और डलहौजी की हड़पने की नीति का यह फल हुआ कि सन् 1857 में एक बड़ी क्रांति हुई जिसे एक सोची समझी रणनीति के तहत सिपाही विद्रोह कह कर कम प्रस्तुत किया गया। जबकि ये नागरिक विद्रोह ही था।

सन् 1857 के पहले ही यूरोप में औद्योगिक क्रांति हो चुकी थी। इस क्रांति में ब्रिटेन सबका अगुआ था, क्योंकि उसको बहुत-सी ऐसी सुविधाएं थीं जो अन्य देशों को प्राप्त नहीं थीं। ब्रिटेन ने ही भाप के इंजन का आविष्कार किया। भारत के व्यापार से ब्रिटेन की पूंजी बहुत बढ़ गई थी। उसके पास लोहे और कोयले की अधिकता थी। कुशल कारीगरों की भी कमी न थी। इस नानाविध कारणों से ब्रिटेन इस क्रांति में अग्रणी बना। ब्रिटेन के उत्तरी हिस्से में जहां लोहा तथा कोयला निकलता था वहां कल कारखाने स्थापित होने लगे। कारखानों के पास शहर बसने लगे। ब्रिटेन के पारम्परिक घरेलू उद्योग-धंधे नष्ट हो गए। मशीनों से बड़े पैमाने पर माल तैयार होने लगा। इस माल की खपत यूरोप के अन्य देशों में होने लगी। देखा-देखी यूरोप के अन्य देशों में भी मशीन के युग का आरंभ हुआ। ज्यों-ज्यों यूरोप के अन्य देशों में नई प्रथा के अनुसार उद्योग व्यवसाय की वृद्धि होने लगी, त्यों-त्यों ब्रिटेन को अपने माल के लिए यूरोप के बाहर बाजार तलाश करने की आवश्यकता प्रतीत होने लगी। उस समय भारतवर्ष ब्रिटेन के अधीन था, इसलिए राजनीतिक शक्ति के सहारे भारतवर्ष को सुगमता के साथ अंग्रेज़ी माल का एक अच्छा-खासा बाजार बना दिया गया।

ज़बरदस्ती थोपी गई अंग्रेज़ी शिक्षा के कारण धीरे-धीरे लोगों की अभिरुचि बदल रही थी। यूरोपीय वेशभूषा और यूरोपीय रहन-सहन अंग्रेज़ी शिक्षित वर्ग को प्रलोभित करने लगा। भारत एक सभ्य देश था, इसलिए यहां अंग्रेज़ी माल की खपत में वह कठिनाई नहीं प्रतीत हुई, जो अफ्रीका के अर्द्धसभ्य प्रदेशों में

अनुभूत हुई थी। सबसे पहले इस नवीन नीति का प्रभाव भारत के वस्त्र व्यापार पर पड़ा। मशीन से तैयार किए हुए माल का मुकाबला करना करघों पर तैयार किए हुए माल के लिए असंभव था। धीरे-धीरे भारत की विविध कलाएं और उद्योग नष्ट होने लगे। भारत के भीतरी प्रदेशों में दूर-दूर माल पहुंचाने के लिए जगह-जगह रेल की लाइनें बिछाई गईं। भारत के मुख्य बंदरगाह कलकत्ता, बंबई और मद्रास भारत के बड़े-बड़े नगरों से संबद्ध कर दिए गए। विदेशी व्यापार की सुविधा की दृष्टि से डलहौजी के समय में पहली रेल की लाइन बनी थीं क्यूंकि ब्रिटेन को भारत के कच्चे माल की आवश्यकता थी।

जो कच्चा माल इन बंदरगाहों से रवाना किया जाता था, उस पर रेल का भाड़ा रियायती था। आंतरिक व्यापार की वृद्धि की सर्वथा उपेक्षा की जाती थी।

इस नीति के अनुसार ब्रिटिश सरकार को यह अभीष्ट न था कि नए-नए आविष्कारों से लाभ उठाकर भारतवर्ष के उद्योग व्यवसाय को नवीन पद्धति से पुनः संगठित किया जाए। वह भारत को कृषि प्रधान देश ही बनाए रखना चाहता था, जिसमें भारत से उसे हर तरह का कच्चा माल मिले और उसका तैयार किया माल भारत खरीदे। जब कभी भारतीय सरकार ने देशी व्यवसाय को प्रोत्साहन देने का निश्चय किया, तब तब इंग्लैंड की सरकार ने उसके इस निश्चय का विरोध किया और उसको हर प्रकार से निरुत्साहित किया।

ईस्ट इंडिया कम्पनी भारत में अपने आर्थिक और राजनीतिक हितों को आगे बढ़ाने के लिए सैन्य साजो सामान के महत्त्व को अच्छी तरह समझती थी। भारत में आयुध निर्माण करने वाले कारखानों की स्थापना सीधे ब्रितानी राज से जुड़ा है। इसी दौर में ईस्ट इंडिया कम्पनी ने कोलकाता के फोर्ट विलियम में आयुध बोर्ड स्थापित करने को स्वीकृति दे दी। इसी के साथ भारत में सैन्य आयुध के विकास का औपचारिक युग आरम्भ हुआ और यहीं से भारत में औद्योगिक क्रांति का भी आरम्भ हुआ। जब 1947 में भारत स्वतन्त्र हुआ, उस समय 28 आयुध निर्माण कारखाने थे।

लोक निर्माण विभाग खोलकर बहुत-सी सड़कें भी बनाई गई, जिसका फल यह हुआ कि विदेशी माल छोटे-छोटे कस्बों तथा गाँवों के बाजारों में भी पहुंचने लगा। रेल और सड़कों के निर्माण से भारत के कच्चे माल के निर्यात में वृद्धि हो गई और चीजों की कीमत में जो अंतर पाया जाता था। वह कम होने लगा।

खेती पर भी इसका प्रभाव पड़ा और लोग ज़्यादातर ऐसी ही फसल बोने लगे जिनका विदेश में निर्यात था। यूरोपीय व्यापारी हिंदुस्तानी मज़दूरों की सहायता से हिंदुस्तान में चाय, कहवा, जूट और नील की खेती करने लगे।

बीसवीं शताब्दी के पाँचवे दशक में भारतवर्ष में अंग्रेज़ों की बहुत बड़ी पूँजी लगी हुई थी। बहुत सारी विदेशी कंपनियां भारत में इस समय कारोबार कर रही थीं। इनमें से अधिकतर अंग्रेज़ी कंपनियां थीं। वस्त्र और लोहे के व्यवसाय ही इंग्लैंड के प्रधान व्यवसाय थे और ब्रिटिश राजनीति में इनका प्रभाव सबसे अधिक था। भारत पर इंग्लैंड का अधिकार बनाए रखने में इन व्यवसायों का सबसे बड़ा स्वार्थ था, क्योंकि जो माल ये बाहर रवाना करते थे उसके लगभग पंचमांश की खपत भारतवर्ष में होती थी। भारत का जो माल विलायत जाता था उसकी कीमत भी कुछ कम नहीं थी। इंग्लैंड प्रतिवर्ष चाय, जूट, रुई, तिलहन, ऊन और चमड़ा भारत से खरीदता था। चाय और नील की खेती तथा उपभोग भारत में कराना एक व्यावसायिक योजना थी। आज वही चाय हमारी रसोई का एक मुख्य हिस्सा बन गयी है। इन बातों पर विचार करने से यह स्पष्ट है कि ज्यों-ज्यों इंग्लैंड का भारत में आर्थिक लाभ बढ़ता गया त्यों-त्यों उसका राजनीतिक स्वार्थ भी बढ़ता गया।

ब्रिटिश काल के पूर्व भारत में उद्योग-धंधे

वस्त्र उद्योग

वस्त्र उद्योग में सूती, ऊनी और सिल्क प्रमुख थे। सूती वस्त्र उद्योग बड़ा व्यापक था। इस उद्योग में बहुत से लोग लगे हुए थे। कपास का धुनना और कातना आमतौर पर घरों में ही होता था, परन्तु किन्हीं क्षेत्रों में इस कार्य में विशिष्टता प्राप्त हो गई थी। बारीक से बारीक सूत काता जाता था। भारत के गाँवों में ही नहीं, बड़े-बड़े नगरों में जुलाहे परिवार रहते थे जो वस्त्रनिर्माण का कार्य करते थे। तैयार कपड़े को धोने का कार्य धोबी करते थे जो वस्त्र-निर्माण का कार्य करते थे। तैयार कपड़े को धोने के लिए पहले गर्म पानी में औटाया जाता था। इसके पश्चात उसे धोया और धूप में सुखाया जाता था। मोटे कपड़े को धोते समय धोबी उसे पत्थर पर पीटते थे। बारीक कपड़ों को पीटा नहीं जाता था। उसे धूप में सुखाने के लिये फैला दिया जाता था। कपड़ा धोने के लिये विशेष प्रकार के पानी की आवश्यकता पड़ती थी। नर्मदा नदी का पानी कपड़े की धुलाई के लिये प्रयोग में लाया जाता था। नर्मदा नदी के तट पर बसा

भड़ौंच नगर कपड़े की धुलाई के लिए प्रसिद्ध था। यह बात आज भी सटीक है क्योंकि नदियों में माँ नर्मदा आज भी बहुत कम प्रदूषित हैं। मध्यभारत में दो ही ऐसी नदियाँ हैं–नर्मदा और ताप्ती–जो पूर्व से पश्चिम की ओर बहती हैं और अरब सागर में जाकर मिलती हैं। बाकी सारी नदियाँ पश्चिम से पूर्व की ओर बहकर बंगाल की खाड़ी में गिरती हैं।

बंगाल का महीन मलमल (मस्लिन) पहनी हुई एक स्त्री।
(सन् 1789 में चित्रित)

भारतीय कपड़ों की विदेशों में बड़ी माँग थी। विश्व के लगभग हर भाग में भारत से कपड़ा जाता था। ढाका का मलमल संसार-प्रसिद्ध था। इसका धागा बहुत बारीक़ होता था जो चर्खे पर हाथ से काता जाता था। मलमल का थान इतना बारीक होता था कि एक अँगूठी के बीच से भी निकल सकता था जो कि उसकी शुद्धता को प्रमाणित करता था। यूरोपीय यात्रियों ने इसकी पूरी-पूरी प्रशंसा की है। उच्च कोटि की मलमल विभिन्न नामों के पुकारी जाती थी, जैसे मलमल खास, आबे खाँ इत्यादि। भड़ौच में निर्मित 'बफ्ता' वस्त्र की सारे देश और विदेशों में बड़ी मांग थी। 'बफ्ता' विभिन्न रंगों में रंगा जाता था। रँगने के लिये इसे आगरा और अहमदाबाद लाया जाता था। सफेद कपड़े का जिसे अँग्रेज

व्यापारी 'केलिको' कहते थे, बड़ी मात्रा में निर्माण होता था। इसके अतिरिक्त बढ़िया और कीमती कपड़े का भी निर्माण होता था। इसमें सोने और चाँदी के तार पड़े होते थे। सूरत, आगरा, बनारस और अहमदाबाद इस प्रकार के वस्त्र निर्माण के प्रमुख केन्द्र थे। सिल्क उद्योग के लिए बनारस, अहमदाबाद और मुर्शिदाबाद प्रमुख थे। बंगाल से न केवल बड़ी मात्रा में सिल्क का निर्यात होता था, बल्कि सिल्क का कपड़ा भी बनता था। बनारस सिल्क की साड़ी और सिल्क पर ज़री के कार्य के लिये आज भी पूरी दुनिया में प्रसिद्ध है। सूरत में सिल्क की दरियां बनती थीं। सिल्क के कपड़े पर ज़री का काम भी सूरत में होता था। देश-विदेश में इन भारतीय कपड़ों की बड़ी माँग थी। भारतीय वस्त्र उद्योग संसार के विभिन्न भागों की कपड़ों की माँग की पूर्ति करता था। यूरोपीय व्यापारियों के कारण भारतीय कपड़े के निर्यात को बड़ा बढ़ावा मिला। यूरोप भारतीय कपड़े की खपत का प्रमुख केन्द्र बन गया। कपड़े की माँग की पूर्ति स्थानीय बजाज करते थे। वे बड़े व्यापारियों से कपड़ा खरीदते थे। कपड़े के छोटे विक्रेता फेरी वाले थे जो न केवल नगर की गलियों में कपड़ा बेचते थे, बल्कि गाँव में भी कपड़े बेचते थे। गाँव में साप्ताहिक हाट लगती थी जहाँ बजाज कपड़ा बेचते थे। स्थिति को देखते हुए वे आम तौर पर नगद पैसा लेने की माँग नहीं करते थे। और खरीददार किसान फसल के समय उधार धन चुकाता था। कभी-कभी जुलाहे अपना कपड़ा लाकर बाजार में बेचते थे।

आभूषण उद्योग

सदियों से अपने देश में आभूषण पहनने का आम रिवाज था जोकि आज भी है। आजकल की तरह ही आभूषण पहनना सामाजिक प्रतिष्ठा का चिन्ह था। बादशाह, शाही परिवार एवं सामंत वर्ग रत्नजटिल आभूषणों का प्रयोग करता था। भारतीय नारी की आभूषण-प्रियता संसार प्रसिद्ध है। आभूषणों के निर्माण में निपुण कारीगर लगे हुए थे। आभूषण उद्योग देशव्यापी था। नारी के शरीर के विभिन्न अंगों के लिये अलग-अलग आभूषण थे। विभिन्न अंगों में पहनने के लिये निम्नलिखित आभूषणों का प्रचलन था जो आज भी है- सीसफूल सिर का आभूषण था। माथे के आभूषण टीका या माँगटीका, झूमर और बिन्दी थे। माथे पर बिन्दी लगाने का आम रिवाज था और बिन्दी में मोती जड़े होते थे।

गले के आभूषण हार, चन्द्रहार, माला मोहनमाला, माणिक्य माला, चम्पाकली,

हँसली, दुलारी, तिलारी, चौसर, पँचलरा और सतलरा थे। दुलारी दो लड़ों, तिलारी तीन लड़ों, चौसर चार लड़ों, पँचलरा पाँच लड़ों और सतलरा सात लड़ों का आभूषण था। कमर का आभूषण तगड़ी या करधनी था। इसमें घुँघरू लगे होते थे जो चलते समय बजते थे। अँगूठी या मूँदरी उंगली का आभूषण था जिसका बड़ा प्रचलन था। आरसी अँगूठे का आभूषण था, इसमें एक दर्पण लगा होता था। जिसमें मुँह देखा जा सकता था। जो भारत की कलात्मक सोच को दर्शाता है। कंगन, कड़ा, चूड़ी और दस्तबन्द कलाई के आभूषण थे। भुजा के आभूषण बाजूबन्द या भुजबन्द थे। बाजूबन्द का संस्कृत नाम भुजबन्द था। पैरों के आभूषण पाजेब और कड़ा थे। पैरों की उँगलियों में बिछुए पहने जाते थे। पैरों के आभूषण आमतौर पर चाँदी के बने होते थे, जबकि दूसरे आभूषण सोने के बनते थे।

लकड़ी का काम जहाज, नावें, रथ और बैलगाड़ियाँ इत्यादि बनाने में लिया जाता था। सूरत में पारसी लोग नावें और जहाज बनाने के कार्य में लगे हुए थे। मैसूर में चंदन की लकड़ी पर सुन्दर कारीगरी का कार्य होता था। भवन-निर्माण में भी लकड़ी का प्रयोग होता था। माल ढोने में बैलगाड़ियों का प्रयोग होता था, इस कारण बड़ी संख्या में इनका निर्माण होता था। पालकी बनाने में भी लकड़ी का प्रयोग होता था। धनवान व्यक्ति और स्त्रियां पालकी में सवारी करते थे। नदियों में नावों द्वारा माल ले जाया जाता था। इससे प्रतीत होता है कि नावों का बड़ी संख्या में निर्माण होता था। सूरत, गोवा, बेसीन, ढाका, चटगाँव, मसुलीपट्टनम, आगरा, लाहौर और इलाहाबाद इत्यादि में नावें और जहाज बनाये जाते थे। ये शहर आज भी इसी तरह के कामों को बड़े पैमाने पर करते हैं जहाँ बड़े-बड़े जहाज बनते हैं। बड़े-बड़े शिपयार्ड यहाँ स्थित हैं। कश्मीर लड़कियों से सम्बंधित सुन्दर डिज़ाइनदार चीजें बनाने के लिए प्रसिद्ध था।

इमारती सामान एवं भवन-निर्माण

भवन निर्माण में ईंट, पत्थर, चूना, लकड़ी और मिट्टी का प्रयोग होता था। 'आइने-अकबरी' में भवन निर्माण में काम आने वाली विभिन्न वस्तुओं के मूल्य दिये हुए हैं। कुशल कारीगर पत्थर को तराशने का कार्य करते थे। साधारण जनता के मकान मिट्टी के बने होते थे और उन पर छप्पर पड़ा होता था। मिट्टी की बनी इन छोटी कोठरियों में परिवार के सब सदस्य रहते थे। इतना ही नहीं, उनके पशु गाय, बछड़ा भी उसी में रहते थे। आगरा, दिल्ली और प्रान्तीय राजधानियों

में अनेक विशाल भवन बनाये गये जिनका निर्माण कुशल कारीगरों ने किया और जिसके फलस्वरूप अनेक राजाओं, मज़दूरों, पत्थरतराशों, बढ़ई एवं अन्य कारीगरों को रोजगार मिला।

मुगल बादशाहों में शाहजहाँ सबसे महान भवन-निर्माता था। उसके प्रसिद्ध भवन दिल्ली का लाल किला, जामा मस्जिद और ताजमहल हैं। लाल किले में दीवाने खास सबसे अधिक सुन्दर और अलंकृत है। यहाँ एक खुदे लेख में इसकी सुन्दरता का वर्णन इन शब्दों में किया गया है-

गर फिरदौस बर रूये जमीं अस्त,
हमीं अस्तों हमीं अस्तों, हमीं अस्त।

यानी, यदि पृथ्वी पर कहीं स्वर्ग है तो वह यहीं है, यहीं है और यहीं है। किंतु आज परिस्थितियां बहुत बदल चुकी हैं, सम्भवतः यह कथन आज उपयुक्त नहीं रहा। शाहजहाँ ने ताजमहल अपनी प्रिय बेगम मुमताज महल की स्मृति में बनवाया जो एक मकबरा है। ताजमहल को बनाने और इसका नक्शा तैयार करने के लिये देश-विदेश के कारीगरों को बुलाया गया। औरंगजेब ने लाल किले में अपने प्रयोग के लिये मोती मस्जिद बनवायी और लाहौर में बादशाही मस्जिद का निर्माण कराया। औरंगजेब की मृत्यु के बाद मुगल निर्माण कला का ह्रास हो गया।

चमड़ा उद्योग: चमड़ा जूते बनाने, घोड़ों की जीन, पानी भरने की मशक इत्यादि विभिन्न कार्यों में प्रयोग किया जाता था। दिल्ली चमड़ा उद्योग के लिये प्रसिद्ध था। चमड़ा पशुओं के खाल से प्राप्त किया जाता था। स्थानीय आवश्यकताओं की पूर्ति के लिये यह उद्योग सारे देश में फैला हुआ था।

मिट्टी के बर्तन: प्राचीन काल से ही मिट्टी के बर्तनों का प्रयोग होता आया है। कुम्हार मिट्टी के बर्तन, पानी पीने के लिये मटके और विभिन्न प्रकार के कलात्मक खिलौने बनाते थे। यह उद्योग सारे देश में फैला हुआ था। जयपुर, बनारस, लखनऊ, दिल्ली, ग्वालियर इस उद्योग के मुख्य केन्द्र थे।

हाथीदाँत का काम: हाथी के दाँत की सुन्दर कलात्मक वस्तुएं बनायी जाती थीं, जैसे चूड़ियाँ, कंगन, शतरंज और शतरंज के मोहरे। विभिन्न प्रकार के खिलौने हाथीदाँत से बनाये जाते थे। दिल्ली और मुल्तान हाथी दाँत के काम के लिये प्रसिद्ध थे।

तेल और इत्रः तेल कोल्हू से पेर कर निकाला जाता था। किसानों के घरेलू उद्योग से निकल कर यह भी एक व्यावसायिक उद्योग बन गया था। तेली लोग इस कार्य को करते थे। कोल्हू को चलाने में बैल का प्रयोग किया जाता था। तेल को बाजार में अथवा तेल व्यापारियों को बेच दिया जाता था। तेल सरसों, तिल, गोला आदि का निकाला जाता था। इत्र का भी निर्माण किया जाता था। बनारस, लाहौर और कैम्बे इत्र-निर्माण के केन्द्र थे।

चीनी-उद्योगः चीनी, गुड़, राब, गन्ने को कोल्हू से पेर कर बनायी जाती थी। गन्ने के रस को लोहे या मिट्टी के मटकों में भरकर आग पर गर्म किया जाता था। गन्ने की खोई गर्म करने के काम आती थी। इस प्रकार गुड़ और बूरे का निर्माण किया जाता था। आरम्भ में यह किसान परिवार का घरेलू उद्योग था। बाद में इस उद्योग ने विशिष्टता प्राप्त कर ली। देश में गुड़ और चीनी की बड़ी खपत थी। गन्ने की पैदावार उत्तर भारत के विस्तृत भू-भाग में होती थी। इस प्रकार यह उद्योग देशव्यापी था, फिर भी इस उद्योग के प्रमुख केन्द्र दिल्ली, आगरा, पटना, बरार और लाहौर थे।

लोहा

लोहा विभिन्न कार्यों में प्रयुक्त होता था। लोहे का प्रयोग प्रमुख रूप से हथियार बनाने के लिये होता था। यह हथियार आक्रमण और सुरक्षात्मक दोनों प्रकार के होते थे। बन्दूक, तोप, तलवार, भाले, कवच, गंड़ासें, कुल्हाड़ी, हँसुआ, दाह, खुरपी, हल, फावड़ा आदि लोहे के बना करते थे। गाँव में लोहार होता था, जो ग्रामवासियों की स्थानीय आवश्यकताओं की पूर्ति करता था। खेती के औजार मुख्य रूप से लोहे से बने होते थे। किसानों के अतिरिक्त अन्य लोगों, जैसे लोहार, बढ़ई, राज, मज़दूर, दर्ज़ी, तेली, हलवाई, माली, कसाई, नाई को अपने कार्यों के लिये जिन औजारों की आवश्यकता होती थी, वे पूर्ण रूप से या आंशिक रूप से लोहे के बने होते थे। घरेलू बर्तन जैसे कढ़ाई, करछनी, चिमटा इत्यादि लोहे के बने होते थे जिसकी झलक प्रेमचंद जी की रचनाओं में मिलती है। घरेलू उपयोग में काम आने वाला चाकू लोहे का बना होता था। गोलकुण्डा में उच्चकोटि का लोहा और स्टील का निर्माण होता था।

देश की आजादी से पहले की भारतीय अर्थव्यवस्था का परिदृश्य समझने के बाद हम अर्थशास्त्र की विभिन्न परिकल्पनाओं को भी समझने का प्रयास करते

हैं। महान अर्थशास्त्री प्रोफेसर मार्शल ने मुनष्य के कल्याण को अर्थशास्त्र की परिभाषा में स्थान देकर अर्थशास्त्र के क्षेत्र को कुछ बढ़ा दिया है। अब तो अर्थशास्त्र को कला का रूप दिया जा रहा है। संसार में सर्वत्र आर्थिक योजनाओं की चर्चा है। आर्थिक योजना तैयार करना एक कला है। प्रत्येक योजना का एक अलग ही ध्येय मान लिया जाता है। बिना ध्येय के कोई योजना तैयार ही नहीं की जा सकती। इसका निर्धारण अंत में उस देश का मुखिया ही लेता है।

महात्मा गांधी की आर्थिक अवधारणाः सर्वोदय

देश को आज़ादी दिलाने वाले हमारे बापू की हमेशा से एक अलग ही अवधारणा रही है। बापू मानवकल्याण को ही अर्थशास्त्र का ध्येय मानते थे। वे जीवजंतुओं तथा पशुपक्षियों के हितों का ध्यान रखना आवश्यक समझते थे। वहीं शायद कुछ लोग यह मानते हैं कि जीवजंतुओं और पशु पक्षियों को ईश्वर ने मनुष्य के सुख के लिए ही उत्पन्न किया है। इसलिए उनको दुःख पहुँचाकर या वध करके यदि मनुष्यों की इच्छाओं की पूर्ति हो सकती हो तो उनको दुःख पहुँचाने में कुछ भी आपत्ति नहीं होनी चाहिए। किंतु वहीं अपने धर्मशास्त्रों और महात्मा गांधी का यह मत है कि प्रत्येक व्यक्ति को ऐसा ही कार्य करना चाहिए जिससे 'सार्वभौम हित' अर्थात सब जीवधारियों का हित हो, किसी की भी हानि न होने पाए। जब मनुष्य प्रत्येक जीवधारी के हित को अपने निजी हित के समान मानने लगता है तभी उसको स्थायी सुख और शांति प्राप्त होती है। महात्मा गांधी ने इस मार्ग को 'सर्वोदय' नाम दिया है।

महात्मा गांधी के सर्वोदय के विचार आज की वैश्विक महामारी कोरोना में 100% उपयुक्त सिद्ध हो रहे हैं। सर्वोदय मार्ग द्वारा ही संसार में प्रत्येक प्रकार का संघर्ष दूर हो सकता है, शोषण का अंत हो सकता है और विश्वशान्ति स्थापित हो सकती है। सर्वोदय का मार्ग प्रत्येक व्यक्ति का कल्याण और विश्वकल्याण की वृद्धि करने का उत्तम साधन है। इसलिए उनके अनुसार अर्थशास्त्र का ध्येय मानवकल्याण ही न मानकर विश्व कल्याण ही मानना चाहिए। गुनार म्रिडल कृत "एशियन ड्रामा", संभवतः कार्ल मार्क्स के "दास कैपिटल" के बाद सबसे बड़ा अर्थशास्त्रीय ग्रंथ प्रकाशित हुआ है, जिसमें अल्पविकसित देशों की समस्याएँ सुलझाई गई हैं। अर्थशास्त्र की यह विचारधारा भी द्वितीय महायुद्ध के बाद उभरी है और इसका भी नित नवीन विस्तार हो रहा है। योजनाकरण (प्लानिंग), पूंजी

निर्माण तथा विदेशी सहायता जैसी वर्तमान अंतराष्ट्रीय समस्याओं का अध्ययन किया जाता है। भारत में इसके स्वतंत्र इतिहास में केंद्रीय नियोजन का अनुसरण किया गया है जिसमें सार्वजनिक स्वामित्व, विनियमन, लाल फीताशाही पर प्रहार और व्यापार अवरोध विस्तृत रूप से शामिल है। 1991 के आर्थिक संकट के बाद भारत सरकार ने आर्थिक उदारीकरण की नीति आरम्भ कर दी। भारत में आर्थिक पूंजीवाद को बढ़ावा देने लग गया और विश्व की तेजी से बढ़ती आर्थिक अर्थव्यवस्थाओं में से एक बनकर उभरा है। हम सभी भारतीय इस बात की उम्मीद करते हैं कि भारत अपने गौरवमयी आर्थिक इतिहास को दोहराए और हमारे देश के यशस्वी प्रधानमंत्री आदरणीय मोदी जी के नेतृत्त्व में आगे बढ़ता रहे। जिसमें समग्र विकास की योजना पर कार्य चल रहा है।

❑

"सर्कस" कंपनी की स्थापना

सर्कस का संचालन

सर्कसः क्या और क्यों?

प्राकृतिक प्रादुर्भाव से मनुष्य और अन्य जीवों का सहअस्तित्त्व बरकरार है। आदमी, जीवन के विकास के क्रम में खानाबदोश से स्थायी रूप से निवास करने लगा। आदमी के लिए जितनी ज़रूरत भोजन, पानी और घर की होती है, उतनी ही आवश्यकता मनोरंजन की भी होती है। क्योंकि मनोरजन भी हमें ऊर्जा प्रदान करते हैं। हमारे जीवन में इन सबका भी अलग-अलग महत्त्व है।

संस्कृत भाषा के सुप्रसिद्ध कवि कालिदास ने कहा है कि मनुष्य प्रकृति से ही उत्सव-प्रेमी होता है अर्थात् मनुष्य अपनी अन्य ज़रूरतों के साथ-साथ मनोरंजन के साधन जुटाना आवश्यक समझता है और जुटाता भी है। प्राचीन काल में तरह-तरह के त्योंहारों का जन्म अवश्य ही इसलिए हुआ होगा कि लोग लगातार एक प्रकार का कार्य करते-करते ऊबन महसूस करते होंगे और मन को फिर से ताजा करने के लिए किसी न किसी उपाय की ज़रूरत महसूस करते होंगे। समय बीतने के साथ त्योहारों का स्वरूप बदल गया और हर त्योहार किसी न किसी धर्म, जाति या स्थान से जुड़ कर रह गया। फिर ज़रूरत हुई ऐसे साधनों की जिसका आनन्द सभी उठा सकें। ऐसी बहुत सारी कहानियां हैं कि राजा लोग मनोरंजन के लिए जानवरों का शिकार करने के लिए जाते थे। उसके बाद पशुओं की लड़ाई भी मनोरंजन का साधन थी।

प्राचीनकाल में मानव का जीवन बहुत सहज और सरल था। तब भी मनोरंजन की आवश्यकता अनुभव की जाती थी, उस समय लोगों के पास समय की कमी नहीं थी। इस कारण उनके मनोरंजन के साधन ऐसे थे, जिससे अधिक से अधिक समय कट सके। इसलिए उस समय नाटक, मेले, तमाशे एवं महोत्सव ऐसे होते थे, जिनसे कई दिनों और रातों तक जनता का मनोरंजन होता था। परन्तु वर्तमान में सभ्यता के विकास और मानव रुचि के परिवर्तन के साथ मनोरंजन के साधन भी बदल गये हैं। आज और भी बदल गए हैं और बहुत तीव्रता से बदल रहे हैं। जैसे पहले टेस्ट क्रिकेट होते थे और अब 20-20 होने लगे।

इसी क्रम में जानवरों और आदमियों के खेल या मनोरंजन के साधनों को सर्कस का नाम दिया गया। अतः सर्कस का इतिहास बहुत ही पुराना है। प्राचीन रोम (Rome) से सर्कस का बीजारोपण माना जाता है। बाद में जिप्सियों, जो घूमने वाली कौम होती है, के द्वारा यह यूरोप तक पहुंचा। रंगमंच, बैले, ओपेरा, फिल्में और टेलीविजन का इतिहास आम तौर पर अच्छी तरह से प्रलेखित है। लेकिन रोमन सर्कस वास्तव में आधुनिक मनोरंजन के अग्रदूत थे। सर्कस, जिसका अंग्रेज़ी में अर्थ है "सर्कल"। यह एक चलती-फिरती कलाकारों की टोली होती है जिसमें कलाबाज, जोकर, अनेक प्रकार के जानवर जैसे शेर, भालू, हाथी आदि एवं अन्य प्रकार के भयानक करतब दिखाने वाले कलाकार होते हैं। सर्कस एक वृत्तिय या अण्डाकार घेरे में दिखाया जाता है जिसके चारों तरफ दर्शकों के बैठने की व्यवस्था होती है। अधिकांशतः यह सब कुछ एक विशाल तम्बू के नीचे व्यवस्थित होता है।

वैसे सर्कस के आधुनिक स्वरूप का प्रादुर्भाव 1738 में ब्रिटेन से माना जाता है। अभी 2018 में आधुनिक सर्कस की 250वीं वर्ष गाँठ मनायी गयी। आधुनिक सर्कस की उत्पत्ति का श्रेय फिलिप एस्टले को दिया गया है, जिनका जन्म 1742 में इंग्लैंड में हुआ था। जिन्होंने अप्रैल 1768 को लाम्बेथ, लंदन में घुड़सवारी के गुरों के प्रदर्शन के लिए पहला आधुनिक एम्पीथिएटर स्थापित किया था। उन्होंने पहली बार एक ऐसी जगह बनाई थी जहाँ सर्कल (वृत्त) में घुड़सवारी की शुरुआत हुई थी, पहली बार अंग्रेज़ जनता के लिए कलाबाज और जोकर जैसी कृतियाँ पेश किया। जहाँ इन सभी कृत्यों को एक प्रदर्शन करने के लिए लाया गया था। एस्टली ने अपने प्रतिद्वंद्वियों की तरह एक सीधी रेखा के बजाय एक सर्कल में सवारी की और इस तरह एक सर्कल में प्रदर्शन के प्रारूप पर विचार किया। एस्टली ने 42 फीट व्यास की वृत्त में कलाबाजी का प्रदर्शन किया, जो कि तब से सर्कस द्वारा उपयोग किया जाने वाला मानक आकार है। एस्टली ने प्रदर्शन क्षेत्र के रूप में एक वृत्त और एक एम्पीथिएटर के रूप में इमारत का उल्लेख किया, बाद में इन्हें एक सर्कस के रूप में जाना जाने लगा।

भागवत राय के सर्कस की पृष्ठभूमि

अपनी शादी के ठीक तीन महीने बाद ही एक दिन अचानक भागवत राय बिना किसी को कुछ बताए घर से निकल गये। पूरा परिवार उन्हें ढूंढने में लग गया पर हफ्तों तक जब भागवत राय का कुछ भी पता न चला। कुछ दिनों बाद उनके एक दोस्त से खबर लगी कि वह बनारस गया है। इधर भागवत बनारस में एक अंग्रेज़ी सर्कस में पहुँचते हैं, जहाँ पहले तो उनको हिन्दुस्तानी होने के कारण करतब दिखाने का मौका नहीं मिला तथा साथ ही साथ शुरुआत की 2 पक्तियों में बैठने भी नहीं दिया गया। उस दिन अंग्रेज़ों के इस दोगलेपन से भागवत राय के अंदर के हिन्दुस्तानी को बहुत धक्का लगा। क्योंकि अंग्रेज़ों के खिलाफ आज़ादी का विगुल तो बज ही चुका था, वह भी बलिया के सपूत महान क्रांतिकारी मंगल पांडे जी द्वारा 1857 में मेरठ, उ. प्र. से। फिर भी भागवत राय ने पीछे बैठकर फिरंगियों के करतब देखे और उनका मनोबल इस कदर बढ़ा कि उसी दिन भागवत राय ने यह तय किया कि वह अपनी पहलवानी और करतब को एक नया आयाम देगें। अपना खुद का सर्कस चलाएंगे जहाँ हिन्दुस्तानियों को प्राथमिकता दी जाएगी। "सपना", हर कोई देखता है और उसे साकार करना

चाहता है। सपने तो सपने होते हैं, भागवत राय ने भी एक सपना देखा। एक और बात, इंसान बड़ा काम तब करता है जब या तो उसके अहम पर चोट पहुंचे या जब उसका अस्तित्त्व संकट में हो। भागवत राय के साथ भी ऐसा ही हुआ। आप अपने सपने को वास्तविक बनाना चाहते हैं, तो आपको इसके लिए वास्तविक जीवन में भी कड़ी मेहनत करनी पड़ती है और वही सफलता की सही कुंजी होती है और दूसरों की नकारात्मक बातों को सुनकर खुद को नीचा नहीं समझना चाहिए और खुद पर भरोसा होना चाहिए। स्व. भागवत राय से हमें यही शिक्षा मिलती है। जो अनुकरणीय है अन्यथा ऐसा कोई सोच भी नहीं सकता।

स्वामी विवेकानंद के उपदेशात्मक वचनों में कठोपनिषद् का एक सूत्रवाक्य विख्यात है। वे कहते थे–

"उत्तिष्ठत जाग्रत प्राप्य वरान्निबोधत।"

अर्थात उठो जागो और अपने उद्दश्यों/सपनों की प्राप्ति/पूर्णता तक रुको मत। अपने सपनों को साकार करने का सबसे अच्छा मौका आज, अभी है। यदि आप प्रयास करें और सही योजना बनाएँ तो आप अपने सपनों को साकार कर सकते हैं। आपके रास्ते में काफी रुकावटें आएँगी पर आप अपनी रुकावटों का डटकर सामना करें और आगे बढ़ें, और अंत में आपको वही मिलेगा जो आप हमेशा पाना चाहते थे। यहाँ उर्दू के महान शायर अल्लामा इकबाल के शेर के माध्यम से उनकी भावना को रखता हूँ–

"खुदी को कर बुलंद इतना कि हर तक़दीर से पहले
खुदा बंदे से खुद पूछे, बता तेरी रज़ा क्या है।"

उधर कुछ दिनों बाद एक सुबह राय परिवार की नींद खुलने से पहले भागवत राय घर लौट चुके थे। भागवत राय के लौटने की खबर से परिवार के सभी लोग उन्हें घेर कर खड़े हो जाते हैं और अपने-अपने सवाल उसपर दागने लगते हैं। तभी देवदत्त राय आते हैं और भागवत राय के सिर पर हाथ फेरते हुए, उन्हें अंदर आराम करने को भेज देते हैं, और सबको कहा कि चलो आ तो गया ना! चलिए आप सब अपने-अपने काम में लगिए क्योंकि वो तो कर्मयोगि थे। काम के अलावा वो और कुछ जानते ही नहीं थे। भागवत वापस से अपनी पहलवानी और योग क्रिया में लग गए थे, लेकिन उनका मन अब भी सर्कस पर अटक गया था।

सच्चे सपने आदमी को सोने नहीं देते हैं। बहुत हिम्मत जुटा कर भी परिवार से भागवत राय कुछ नहीं कह पाये क्योंकि ये एक बहुत बड़ा कदम था और बहुत ज़्यादा निवेश की आवश्यकता थी। क्योंकि उनकी उम्र उस समय 20-21 वर्ष की रही होगी। वो सोच रहे थे कि कहीं छोटा मुँह बड़ी बात ना हो जाए। पाँच भाई होने की वजह से व्यक्तिगत हैसियत भी बहुत ज़्यादा नहीं थी। स्व. देवदत्त राय ने ही भागवत राय के दोस्तों से उनकी मनसा जान ली और एक दिन भागवत राय को सर्कस शुरू करने की खुशखबरी दी। क्योंकि वो भागवत राय से बहुत प्रसन्न रहते थे और भागवत राय भी अपने चाचा देवदत्त राय का अपने पिता से भी ज़्यादा सम्मान करते थे। क्योंकि देवदत्त राय एक कर्मयोगी थे। वो काम के अलावा अन्य चीजों में विश्वास नहीं करते थे। बताते हैं कि जमींदार होते हुए भी अपने सारे काम खुद करने में विश्वास करते थे। ऐसा हमलोगों ने भी लगभग 80 वर्ष से ऊपर की अवस्था तक देखा है।

वो लक्ष्मी पुत्र थे। पहले के संयुक्त परिवार में आज के जैसा नहीं था। एक व्यक्ति कमाता था, बाकी कोई नहीं करे तब भी काम चल जाता था। सबका कमाना अनिवार्य नहीं था।

सर्कस खुलने की खबर भागवत राय के लिए ऐसी थी, जैसे उनके सपनों का संसार बसने जा रहा था। भागवत राय उन दिनों बेहद खुश थे। उन्होंने अपनी खुशी गाँव वालों के साथ मिलकर, उनकी फसल बुवाई में उनका साथ देकर मनाया। भागवत राय की इसी उदारता और सादगी के कायल थे गाँव वाले। देवदत्त राय को भी इन्हीं सब कारणों से भागवत राय अति प्रिय थे। सन् 1923 की शुरुआत में ही देवदत्त राय सर्कस के तम्बू कनात बनवाने के लिए खुद कानपुर रहने लगे। उधर जानवरों की खरीददारी में भागवत राय अपने भाइयों को साथ लेकर भारत के अलग-अलग राज्यों से जानवर जुटाने लग गए। इसी दौरान एक बार भागवत राय सोनपुर के मेले में हाथी की खरीदारी करने पंहुचे। सोनपुर मेला बिहार के सोनपुर में हर साल कार्तिक पूर्णिमा में लगता है। यह एशिया का सबसे बड़ा पशु मेला है। मेले को 'हरिहर क्षेत्र मेला' के नाम से भी जाना जाता है जबकि स्थानीय लोग इसे छत्तर मेला के नाम से भी पुकारते हैं। बिहार की राजधानी पटना से लगभग 25 किलोमीटर और हाजीपुर से 3 किलोमीटर दूर सोनपुर में गंडक के तट पर लगने वाले इस मेले ने देश में पशु मेलों को एक अलग पहचान दी है। एक समय इस पशु मेले में मध्य एशिया से कारोबारी आया करते थे। अब

भी यह एशिया का सबसे बड़ा पशु मेला माना जाता है। एक जमाने में यह मेला जंगी हाथियों का सबसे बड़ा केंद्र था। मौर्य वंश के संस्थापक चन्द्रगुप्त मौर्य, मुगल सम्राट अकबर और 1857 के गदर के नायक वीर कुँवर सिंह ने भी यहां से हाथियों की खरीद की थी। यही सब सुनकर भागवत राय भी हाथी खरीदने वहाँ पहुंचे थे। तो वहां के रेलवे स्टेशन पर एक रेलवे के अंग्रेज़ी अधिकारी से उनकी किसी बात पर बहस हो गयी। उस अधिकारी ने सरेआम भागवत राय के पहलवानी का मजाक उड़ाया जिसपर भागवत राय ने अपनी बल शक्ति का एक नजारा दिखाने के मकसद से अपने दोनों हाथों से एक बड़े ट्रक को अकेले ही ठेल कर कहीं और पहुंचा दिया। वहाँ मौजूद ज़्यादातर लोगों ने उस दिन भागवत राय को एक जादूगर समझा था पर उसके बल की सच्चाई उस अधिकारी ने मान ली। परिणामस्वरूप उस अधिकारी ने जब भागवत से कुछ मांगने को कहा तो भागवत राय ने गरीब और असहाय लोगों के लिए मुफ्त रेलवे यात्रा की मांग की। उस अधिकारी के बस में ये नहीं था। फिर उसने भागवत राय के सम्मान में उस रात उसने अपने घर पर एक जलसे का आयोजन किया। जिससे भागवत राय बहुत प्रसन्न हुए तथा अपना सर्कस देखने के लिए उसे आमंत्रित किया।

सर्कस कम्पनी खुलने से पहले परिवार द्वारा बहुत सोच समझ कर एक ऐसे मैनेजर की नियुक्ति की गई जो कि वैसे तो भारतीय मूल के ही थे पर कद-काठी और रंग-रूप से भी किसी फिरंगी से कम नहीं थे। उनका नाम केदार बाबू (नाम परिवर्तित) था। अंग्रेज़ी शासन में सर्कस शुरू करना इतना आसान भी नहीं था, जबकि राय परिवार से ज़्यादा आर्थिक सम्पन्नता आस-पास के गावों में बहुत कम के पास ही रही होगी। अंग्रेज़ी अफसरों को अपनी व्यवहार कुशलता और रणनीति से अपनी तरफ किया गया और भारतीय इतिहास में किसी भारतीय द्वारा सर्कस की स्थापना करने जैसा अनूठा कार्य किया जो कि ऐसा कार्य था जिसे या तो रशियन या कोई अंग्रेज़ ही सोच सकता था। इसीलिए लेखक ने किसी भी उस समय के पहलवान से उनकी तुलना नहीं की क्योंकि ये दोनों के साथ नाइंसाफी होगी। क्योंकि एक पहलवान बहुत ही विलक्षण प्रतिभा का वारिस होता है, विधाता ने उसको कुछ अलग ढंग से गढ़ा होता है।

भारतीय सर्कस का इतिहास-

वैसे तो भारत में सर्कस का कोई बहुत प्रामाणिक इतिहास नहीं मिलता है फिर भी

"द ग्रेट इंडियन सर्कस" को पहला आधुनिक भारतीय सर्कस माना जाता था, जो कि कुर्दुवाडी के राजा के संरक्षण में स्थापित किया गया था। जिसका प्रदर्शन 20 मार्च, 1880 में बॉम्बे में आयोजित किया गया था। किल्लेरी कुन्हिकन्नन जिन्हें भारतीय सर्कस का जनक कहा जाता है। वह मार्शल आर्ट और जिमनास्टिक्स के शिक्षक थे। 1901 में उन्होंने टेलिचेरी (केरल) के पास चिराककारा में सर्कस स्कूल खोला। केरल को "भारतीय सर्कस का पालना" (द क्रैडल ऑफ इंडियन सर्कस) नामक अकादमी के छात्र पी. कन्नन ने "ग्रैंड मालाबार" के नाम से अपना सर्कस शुरू किया था। इसी क्रम की अन्य श्रेणियां थीं- ग्रेट लायन सर्कस, द ईस्टर्न सर्कस, द फेयरी सर्कस आदि। संभवत: "द ईस्टर्न सर्कस" भागवत राय के ही सर्कस का नाम है। इस बारे में कुछ ठोस सबूत आज उपलब्ध नहीं है। किंतु ये तो तय है कि भागवत राय एक ऐसे पहले पहलवान थे जिनके परिवार के पास ही सर्कस का मालिकाना हक़ था। वो किसी स्टेज शो के लिए नहीं, बल्कि देश की खातिर अंग्रेज़ों को चुनौती देने के लिए सर्कस की स्थापना की होगी।

❑

गुलाम देश में सर्कस संचालन

कुछ बात है कि हस्ती मिटती नहीं हमारी।
सदियों रहा है दुश्मन, दौर-ए-ज़माँ हमारा।।

- अल्लामा इकबाल

ऊपर वर्णित पंक्तियां भारत एवं भारतीयता के बारे में सबकुछ बयाँ करने के लिए पर्याप्त हैं, फिर भी इतिहास तो इतिहास है, जिसको पढ़ा ही जाता है, पढ़ा जाना भी चाहिए, क्योंकि उससे आगामी पीढ़ियों को अपने वजूद को जानने और समझने में सहायता मिलती है। यह सर्वविदित है कि पूरे विश्व में भारत की सांस्कृतिक धरोहर को जानने और समझने की लालसा रही है। पूरी दुनिया के लोग भारत आने के लिए उत्सुक रहा करते थे और अभी भी उतना ही देखा और पाया जाता है। फारसियों के बाद ईरानी और पारसी भी भारत में आकर बस गए। उनके बाद मुगल आए और वे भी भारत में स्थायी रूप से बस गए। चंगेजखान, एक मंगोलियाई था जिसने भारत पर कई बार आक्रमण किया और लूट पाट की। अलेक्जेंडर महान भी भारत पर विजय पाने के लिए आया, किन्तु पोरस के साथ युद्ध में पराजित होकर वापस चला गया। ह्वेन सांग नामक एक चीनी नागरिक यहां ज्ञान की तलाश में आया और उसने नालंदा तथा तक्षशिला विश्वविद्यालयों में भ्रमण किया जो प्राचीन भारतीय विश्वविद्यालय हैं। कोलम्बस भारत आना चाहता था किन्तु उसने अमेरिका के तटों पर उतरना पसंद किया। पुर्तगाल से वास्को डि गामा व्यापार करने अपने देश की वस्तुएं लेकर यहां आया जो भारतीय मसाले ले जाना चाहता था। यहां फ्रांसीसी लोग भी आए और भारत में अपनी कॉलोनियां बनाई।

अंत में ब्रिटिश लोग आए और उन्होंने लगभग 200 साल तक भारत पर जुल्म का शासन किया और देश को लूटा। वर्ष 1757 में प्लासी की युद्ध के

बाद ब्रिटिश जनों ने भारत पर राजनैतिक अधिकार प्राप्त कर लिया। और उनका प्रभुत्व लॉर्ड डलहौजी के कार्य काल में यहां स्थापित हो गया जो 1848 में गवर्नर जनरल बने। उन्होंने पंजाब, पेशावर और भारत के उत्तर पश्चिम से पठान जनजातियों को संयुक्त किया। और वर्ष 1856 तक ब्रिटिश अधिकार और उनके प्राधिकारी यहां पूरी मजबूती से स्थापित हो गए। जबकि ब्रिटिश साम्राज्य में 19वीं शताब्दी के मध्य में अपनी नई ऊंचाइयां हासिल की, असंतुष्ट स्थानीय शासकों, मज़दूरों, बुद्धिजीवियों तथा सामान्य नागरिकों ने सैनिकों की तरह आवाज़ उठाई जो उन विभिन्न राज्यों की सेनाओं के समाप्त हो जाने से बेरोजगार हो गए थे, जिन्हें ब्रिटिश जनों ने संयुक्त किया था और यह असंतोष बढ़ता गया। जल्दी ही यह एक बगावत के रूप में फूटा जिसने 1857 के विद्रोह का आकार लिया।

1857 के जनविद्रोह, जिसको ब्रिटिश हुकूमत एक सैन्य विद्रोह मानकर दबाने में कामयाब तो हो गयी लेकिन भारत में ईस्ट इन्डिया कंपनी के शासन का अंत भी दिखाई देने लगा। अपने शासन की पकड़ और मजबूत करने के लिए ब्रिटिश शासन की नीतियों में महत्त्वपूर्ण परिवर्तन हुए। जिसके अंतर्गत भारतीय राजाओं, सरदारों और जमींदारों को अपनी ओर मिलाकर ब्रिटिश शासन को सुदृढ़ करने के प्रयास किए गए। रानी विक्टोरिया के दिनांक 1 नवम्बर 1858 की घोषणा के अनुसार यह उद्घोषित किया गया कि इसके बाद भारत का शासन ब्रिटिश राजा के द्वारा व उनके वास्ते सेक्रेटरी आफ स्टेट द्वारा चलाया जाएगा। गवर्नर जनरल को वायसराय की पदवी दी गई, जिसका अर्थ था कि वह राजा का प्रतिनिधि था। रानी विक्टोरिया जिसका अर्थ था कि वह सम्राज्ञी की पदवी धारण करें और इस प्रकार ब्रिटिश सरकार ने भारतीय राज्य के आंतरिक मामलों में दखल करने की असीमित शक्तियां धारण कर लीं। संक्षेप में, भारतीय राज्य सहित भारत पर ब्रिटिश सर्वोच्चता सुदृढ़ रूप से स्थापित कर दी गई। अंग्रेज़ों ने वफादार राजाओं, जमींदारों और स्थानीय सरदारों को अपनी सहायता दी जबकि, शिक्षित लोगों व आम जन समूह (जनता) को अनदेखा किया। उन्होंने अन्य स्वार्थियों जैसे ब्रिटिश व्यापारियों, उद्योगपतियों, बागान मालिकों और सिविल सेवा के क्रमिकों (सर्वेन्ट्स) को बढ़ावा दिया। भारत एक उपनिवेश अर्थव्यवस्था बन गया था जिसमें भारतीयों के हाथ में बहुत कुछ नहीं था, नीति कुछ इस तरह की थी कि भारतीयों की उद्यमिता को पंगु कर दिया जाए। इस प्रकार भारत के लोगों को शासन चलाने अथवा नीतियां बनाने का कोई अधिकार नहीं था। परिणामस्वरूप

ब्रिटिश शासन से लोगों की घृणा बढ़ती गई, जिसने भारतीय राष्ट्रीय आंदोलन को जन्म दिया।

गुलामी का अभिशप्त जीवन शायद ही कोई जीना चाहता है, हर भारतीय अपने ढंग से स्वतंत्रता की लड़ाई लड़ रहा था क्योंकि ये जन आंदोलन हो गया था। देवदत्त राय ने "सर्कस" कंपनी की स्थापना भारत के गुलामी के काल में करने का निश्चय तो कर लिया था किन्तु यह कार्य इतना आसान नहीं था। ऊपर वर्णित परिस्थितियां बिलकुल प्रतिकूल थीं, उनका यह प्रयास मुख्य धारा के विरोध में उल्टी गंगा बहाने जैसा था। सर्कस चलने देना अंग्रेज़ों के लिए बहुत बड़ी तौहीन थी। किसी भी प्रकार से इसको सफल नहीं होने देना उनका मुख्य उद्देश्य था। पहले तो बताते हैं कि मैनेजर को अपनी तरफ मिलाने की कोशिश की गई। फिर भागवत राय को भी कई प्रकार के प्रलोभन दिये गए। यहाँ तक बताया जाता है कि उनको परिवार के कई लोगों को और भी प्रलोभन दिया गया था। किन्तु जमींदार का लड़का ऊपर से जवानी की मस्ती। वो हमेशा मिर्ज़ा ग़ालिब का शेर याद करते थे जिसमें अंग्रेज़ भारतीयों के लिए कहते थे-

"हर एक बात पे कहते हो तुम के "तू" क्या है"
(भागवत राय) वो कहते थे कि "यही तो दिखाना है कि हम क्या हैं?"

बात इलाहाबाद के कुम्भ/माघ मेले में सर्कस लगाने के आदेश पर अटक गई। वहां के तात्कालिक कलेक्टर ने सर्कस लगाने की अनुमति बस इस आधार पर नहीं दी कि भागवत राय को सर्कस का पहले कभी कोई अनुभव नहीं था और दूसरी बात यह थी कि ये एक इंडियन सर्कस था। सर्कस लगाने की पूरी तैयारी हो चुकी थी। पैसा पानी की तरह बहाया जा चुका था। कदम पीछे लेने का मतलब था शुरुआत से पहले ही समापन। केदार बाबू ने फिर से जुगाड़ लगा कर कलेक्टर से मुलाकात की और भागवत राय के करतब का बखान किया, साथ ही भागवत राय के कुछ करतब को उनके सामने दिखाने की गुहार लगाई। अगले दिन कलेक्टर ऑफिस के पीछे सैकड़ों अंग्रेज़ी अफसर और पुलिस की भीड़ के बीच भागवत राय ने अपनी पहलवानी के कुछ अद्भुत करतब दिखाये। वहां खड़े तमाम अंग्रेज़ी अफसरों की तालियों से पूरा कलेक्टेरियट गूँज उठा। हफ्ते भर बाद खुद उसी कलेक्टर ने भागवत राय और उनके परिवार की मौजूदगी में सर्कस का उद्घाटन किया। शुरुआती दौर में सर्कस चल पड़ा। भागवत का

सर्कस के जानवरों से बेहतरीन ताल मेल देखकर अच्छे अच्छों को हैरानी होती थी, और भागवत राय के लिए तो उनके सारे जानवर भी दोस्त यार थे जो उनकी आँखों की भी भाषा समझते थे। दूर-दूर तक इस हिन्दुस्तानी सर्कस के चर्चे होने लगे और लोगों की नज़रों में भागवत राय हीरो बनने लगे। कुम्भ मेले का समय इसलिए चुना गया कि प्रचार एवं कमाई भरपूर होगी क्योंकि उसमें भीड़ बहुत होती है। कुंभ मेला भारत में आयोजित किया जाने वाला सबसे बड़ा मेला है। कुंभ पर्व हिंदू धर्म का एक महत्त्वपूर्ण पर्व है, जिसमें करोड़ों श्रद्धालु कुंभ पर्व स्थल प्रयाग, हरिद्वार, उज्जैन और नासिक में स्नान करते हैं। इनमें से प्रत्येक स्थान पर प्रति बारहवें वर्ष और प्रयाग में दो कुंभ पर्वों के बीच छह वर्ष के अंतराल में अर्धकुंभ भी होता है। खगोल गणनाओं के अनुसार यह मेला मकर संक्रांति के दिन प्रारम्भ होता है, जब सूर्य और चन्द्रमा, वृश्चिक राशि में और बृहस्पति, मेष राशि में प्रवेश करते हैं। मकर संक्रांति के होने वाले इस योग को "कुम्भ स्नान-योग" कहते हैं और इस दिन को विशेष मंगलकारी माना जाता है, क्योंकि ऐसा माना जाता है कि इस दिन पृथ्वी से उच्च लोकों के द्वार खुलते हैं और इस प्रकार इस दिन स्नान करने से आत्मा को उच्च लोकों की प्राप्ति सहजता से हो जाती है। इसका हिन्दू धर्म में बहुत ज़्यादा महत्त्व है।

कुंभ पर्व के आयोजन को लेकर दो-तीन पौराणिक कथाएँ प्रचलित हैं, जिनमें से सर्वाधिक मान्य कथा देव-दानवों द्वारा समुद्र मंथन से प्राप्त अमृत कुंभ से अमृत बूँदें गिरने को लेकर है। इस कथा के अनुसार महर्षि दुर्वासा के शाप के कारण जब इंद्र और अन्य देवता कमजोर हो गए तो दैत्यों ने देवताओं पर आक्रमण कर उन्हें परास्त कर दिया। तब सब देवता मिलकर भगवान विष्णु के पास गए और उन्हें सारा वृतान्त कह सुनाया। तब भगवान विष्णु ने उन्हें दैत्यों के साथ मिलकर क्षीरसागर का मंथन करके अमृत निकालने की सलाह दी। भगवान विष्णु के ऐसा कहने पर संपूर्ण देवता दैत्यों के साथ संधि करके अमृत निकालने के यत्न में लग गए। अमृत कुंभ के निकलते ही देवताओं के इशारे से इन्द्रपुत्र जयन्त अमृत-कलश को लेकर आकाश में उड़ गया। उसके बाद दैत्यगुरु शुक्राचार्य के आदेशानुसार दैत्यों ने अमृत को वापस लेने के लिए जयंत का पीछा किया और घोर परिश्रम के बाद उन्होंने बीच रास्ते में ही जयंत को पकड़ा। तत्पश्चात अमृत कलश पर अधिकार जमाने के लिए देव-दानवों में बारह दिन तक अविराम युद्ध होता रहा।

इस परस्पर संघर्ष के दौरान पृथ्वी के चार स्थानों (प्रयाग, हरिद्वार, उज्जैन, नासिक) पर कलश से अमृत बूँदें गिरी थीं। उस समय चंद्रमा ने घट से प्रस्रवण होने से, सूर्य ने घट फूटने से, गुरु ने दैत्यों के अपहरण से एवं शनि ने देवेन्द्र के भय से घट की रक्षा की। कलह शांत करने के लिए भगवान ने मोहिनी रूप धारण कर यथाधिकार सबको अमृत बाँटकर पिला दिया। इस प्रकार देव-दानव युद्ध का अंत किया गया।

अमृत प्राप्ति के लिए देव-दानवों में परस्पर बारह दिन तक निरन्तर युद्ध हुआ था। देवताओं के बारह दिन मनुष्यों के बारह वर्ष के तुल्य होते हैं। उनमें से चार कुंभ पृथ्वी पर होते हैं और शेष आठ कुंभ देवलोक में होते हैं, जिन्हें देवगण ही प्राप्त कर सकते हैं, मनुष्यों की वहाँ पहुँच नहीं है।

(इलाहाबाद कुंभ, 2020 की झाँकी)

जिस समय में चंद्रादिकों ने कलश की रक्षा की थी, उस समय की वर्तमान राशियों पर रक्षा करने वाले चंद्र-सूर्यादिक ग्रह जब आते हैं, तब उस समय कुंभ का योग होता है अर्थात् जिस वर्ष, जिस राशि पर सूर्य, चंद्रमा और बृहस्पति का संयोग होता है, उसी वर्ष, उसी राशि के योग में, जहाँ-जहाँ अमृत बूँद गिरी थी, वहाँ-वहाँ कुंभ पर्व होता है।

कुंभ मेले को यूनेस्को ने अपनी मानवता की अमूर्त सांस्कृतिक विरासत की प्रतिनिधि सूची में शामिल किया है। संयुक्त राष्ट्र के सांस्कृतिक निकाय की विश्व धरोहर समिति ने दक्षिण कोरिया के जेजूद्वीप पर हुए अपने 12वें सत्र में कुंभ मेले को इस सूची में रखने की मंजूरी दी। कुम्भ मेले को यूनेस्को द्वारा

इनटैन्जिबिल कल्चरल हेरिटेज लिस्ट में शामिल करने का कारण यह है कि कुम्भ मेला विश्व का ऐसा सबसे बड़ा आयोजन है, जहां बहुत बड़ी संख्या में श्रद्धालु एकत्रित होकर शान्तिपूर्ण ढंग से धार्मिक परम्पराओं का पालन करते हैं। यह आयोजन इलाहाबाद, नासिक, उज्जैन तथा हरिद्वार में होते हैं। यूनेस्को ने कुम्भ मेले को सांस्कृतिक अनेकता का आयोजन माना है, जिसमें लोग आपस में ज्ञान तथा कौशल का आदान-प्रदान पाण्डुलिपियों तथा श्रुतियों के माध्यम से करते हैं।

इधर इसी दौरान एक बेहद दुर्भाग्यपूर्ण घटना हुई जिससे देवदत्त राय और भागवत राय बिल्कुल बेखबर थे। मैनेजर की बेटी, जो बहुत खूबसूरत थी, अक्सर अपने पिता से मिलने आया करती थी। उसी दौरान किसी ने उससे बदसलूकी कर दी। परिणामस्वरूप, केदार बाबू ने जब इसका विरोध किया जो किसी भी पिता के लिए लाज़मी था, देवदत्त राय ने परिस्थिति को संभाला और उनको मनाया तथा दोषी को सजा देने की बात पर वो उस समय चुप तो हो गए पर अंदर ही अंदर अब केदार बाबू को राय परिवार ही चुभने लगा था। इन सब बातों से बेखबर भागवत राय अपने कसरत और करतब में मशगूल थे। उन्हीं दिनों एस. मजूमदार नाम के एक बहुत ही काबिल लेखक और एक बड़े व्यायामशाला के मालिक को भागवत के कारनामों की खबर हुई। भागवत राय तक इस बात की खबर पहुंचाई गयी कि हफ्ते भर बाद वो उनके सर्कस में आने वाले हैं। अब पहले जितनी भीड़ सर्कस में नहीं आती थी क्योंकि कुम्भ मेला अब समाप्त होने के कगार पर था, इसलिए भागवत राय ने उस खास दिन, जब वो आने वाले थे, कुछ दिखावटी भीड़ मंगवा कर बैठा दी, ताकि प्रभाव सही पड़े। उनका का भव्य स्वागत हुआ। भागवत राय ने अपने करतब में एक भारी भरकम हाथी को अपने ऊपर चढ़ा लिया। उनके साथ-साथ वहां बैठे सभी लोगों का कलेजा मुँह को आ गया। इसके बाद इससे भी भयावह करतब दिखा कर भागवत राय ने मजूमदार साहेब को अपना कायल बना दिया। सर्कस का पूरा विवरण अगले अध्याय उनकी आंखो देखी में विस्तृत रूप से वर्णित है। उन्होंने भागवत राय को "An Inimitable Strong Man" की संज्ञा दी। जाते-जाते उन्होंने भागवत राय को नसीहत दी कि उन्हें अपने तकनीक और तकनीशियन पर ध्यान देना होगा। बात भागवत राय के समझ में आ चुकी थी।

❑

आँखों देखी और ओलम्पिक की तैयारी

वैसे तो भारतीय कुश्ती, मल्लयुद्ध या पहलवानी का गौरवशाली अतीत रहा है। प्राचीन मल्लयुद्ध चार प्रकार के होते थे, जिनमें से प्रत्येक एक हिन्दू देवता या पौराणिक योद्धा के नाम पर है। जैसे हनुमन्ती- तकनीकी श्रेष्ठता पर केन्द्रित है, जाम्बुवन्ती प्रतिद्वन्दी को आत्मसर्मपण के लिये मजबूर करने हेतु लॉक्स तथा होल्डस का प्रयोग करती है, जरासन्धी अंगों तथा जोड़ों को तोड़ने पर केन्द्रित है जबकि भीमसेनी विशुद्ध रूप से ताकत पर केन्द्रित है। यह कुश्ती का प्राचीन रूप है। कुश्ती के दो और प्रमुख प्रकार धरनीपट्ट एवं आसुरा है। धरनीपट्ट में हार-जीत का निश्चय विपक्षी को धरती पर पीठ के बल गिराने से होता है। भीमसेनी तथा हनुमन्ती इसी तरह का उदाहरण है। आसुरा, मुक्त युद्ध है इसमे विपक्षी को चोट पहुंचाई जा सकती है। आधुनिक काल में कुश्ती और पहलवानी का रूप बदल गया है और बहुत हद तक व्यावसायिक हो गया है।

किन्तु इस विधा का पौराणिक कथाओं के अलावा कहीं कोई ऐतिहासिक सुनियोजित ढंग से संकलन नहीं पाया जाता है जिसके चलते इस कला के पारंगत लोगों का नाम उनके क्षेत्र विशेष तक ही सीमित रह गया क्योंकि उस दौर में आज के जैसे विकसित संचार तंत्र नहीं था। इस क्रम में इतिहासकर एस. मजूमदार का खेल कूद जगत (एथलेटिक्स जगत) बहुत ऋणी है। उन्होनें 19वीं सदी के उतरार्द्ध और बीसवीं सदी के प्रारम्भ के पहलवानों का इतिहास संकलित किया और उसको प्रकाशित किया। यह प्रेरणा उन्हें अपने पिता से मिली थी नहीं तो कौन इस विधा को चुनता जबकि उनके पास पूर्व के आक्सफोर्ड माने जाने वाली इलाहाबाद विश्वविद्यालय में बहुत सारे अच्छे अवसर थे। इलाहाबाद विश्वविद्यालय जो भारत का एक प्रमुख केंद्रीय विश्वविद्यालय है। यह आधुनिक भारत के सबसे पहले विश्वविद्यालयों में से एक है। जिसकी स्थापना सन् 1885 ई. को एल्फ्रेड लायर की प्रेरणा से हुयी थी।

एस. मजूमदार ने एथलीट इतिहास को अपना जुनून बनाया था क्योंकि वह पहलवानों से बहुत प्रभावित थे। उन्होनें इस बारे में कई पुस्तकें लिखीं जिनमें उस समय के बहुत सारे पहलवानों का भी ज़िक्र किया है। उनकी पुस्तकों में से एक पुस्तक "Strong Men Over the Years", है जो 1942 में प्रकाशित हुई थी। इस किताब में उन्होनें पूरे देश के पहलवानों का ज़िक्र किया है। यहाँ देश का अर्थ 1942 के उस देश से है जब पाकिस्तान और बांग्लादेश भारत का हिस्सा थे। उनका यह कार्य एथलेटिक्स की दुनिया में बहुत महत्त्वपूर्ण और प्रशंसनीय कार्य है। हम उसे एक ऐतिहासिक धरोहर के रूप में पाते हैं।

उन्होनें अपनी पुस्तक में कुश्ती के उस समय के शहंशाह गामा, रहीम सुलतानी, अहमद बक्श, यूजन सैंडो, गुट्टा सिंह जाट, दक्षिण भारत के राम मूर्ति नायडु, बाभनि, और बलिया के भागवत राय आदि उच्चस्तरीय पहलवानों का विस्तृत वर्णन किया है। उन्होंने अपनी पुस्तक में कुछ महिला पहलवानों का भी ज़िक्र किया है।

उन्होनें अपनी पुस्तक में लिखा है कि उस समय के पहलवान एवं उनके पालकों और प्रशंसकों ने कुछ ऐसी चीजों को प्रचारित और प्रसारित किया था जो अतिरेक थी। मजूमदार जी एक अनुसंधानकर्ता भी थे। उन तथ्यों की प्रामाणिकता खुद-ब-खुद जा जाकर जाँचते थे और उनके करतबों को देखने के लिए अपना कीमती समय भी व्यतीत करते थे। उन्होनें अपनी पुस्तक में एक जगह लिखा है कि पहलवान गामा ने उनसे एक बार अनुरोध किया कि जो उनका अभी तक प्रचलन में डिटेल/विवरण चल रहा है, उनसे छेड़छाड़ न करें क्योंकि उस समय उन्होनें उस में कुछ अतिशयोक्ति पाई थी क्योंकि जनता में दूसरी चीज़ जाने से उनकी छवि को काफ़ी धक्का पहुंचता। अतः उन्होनें उनसे सिफारिश की थी कि इसको प्रचारित और प्रसारित करें, और अंत में उन्होंने अपने शरीर का माप नहीं लेने दिया था। उन्होनें अपनी पुस्तक में बहुत ही तथ्यपरक जानकारी प्रस्तुत की और बिलकुल सही तथ्य को ही लिखा है। अपनी पुस्तक के चैप्टर संख्या-19, An Inimitable Strong Man में उन्होंने स्व. भागवत राय की कलाओं और उनके सर्कस के बारे में लिखा है, जो अमूल्य है।

आइए, उनकी आँखो देखी कहानी सुनते हैं जो उस समय के प्रामाणिक साक्ष्यों में से एक है।

बात 1929 की है, एस. मजूमदार को उनके मित्रों से पता लगा कि आज रात शहर में एक पहलवान अपने सर्कस में अपना करतब दिखाने वाला है। उन्होंने अपने मित्रों के साथ सर्कस देखने जाने का निश्चय किया। जब वो वहाँ पहुंचे तो उन्होंने वहां सर्कस के बाहरी कनात पर लगे फोटो विवरण, जिसमें जो प्रदर्शित किया गया था, बहुत आकर्षक और वास्तविक लग रहा था और सर्कस के कारनामों को बयान कर रहा था और काफी हद तक वास्तविक लगने वाला था, को देखा। उन दिनों में सिनेमा के पागलपन के सामने एक पहलवान आदमी के शो की उम्मीद नहीं की जा रही थी क्योंकि उन दिनों इन लोगों को अच्छी तरह से संरक्षण मिल पाना बहुत दुष्कर था। ये तो भागवत राय का खुद का सर्कस था, अन्यथा ऐसे लोगों को प्रायोजक मिलने बहुत मुश्किल थे क्यूंकि देश गुलाम था।

मैं (एस. मजूमदार) पहली बार एक अद्‌भुत बलशाली ताकतवर इंसान से मिला जिसका 48 इंच चट्टान जैसा चौड़ा सीना, जँघायें 27 इंच, जितनी किसी किसी की कमर होती है। 16, 1/2 इंच डोले (बाईसेप्स) जिनकी चमक मलखम्भ की जैसे थी। ऐसा व्यक्ति जो स्वभाव से बिलकुल सरल, धीर, समुन्दर जैसी गहरायी लिए गम्भीर। मैं उस दिन जब विशाल महामानव से रूबरू हुआ, जिससे मेरे अंदर काफी उत्सुकता बढ़ी, तब उनकी सरलता ने मुझे वशीभूत कर लिया। आज तक जितने पहलवानों से मिला, उन लोगों में से सबसे अद्वितीय मजबूत पुरुष मैंने इनको पाया। दुर्भाग्यवश उस बलशाली आदमी को इस देश में कम जाना गया।

यहाँ मुझे एक बात ये याद आ रही है कि महात्मा गांधी को किसी कारण वश शांति का नोबेल पुरस्कार नहीं दिया गया तो इसका अर्थ ये तो नहीं कि उनका योगदान कम हो गया। आज के विशेषज्ञ ये मानते हैं कि ये तो नोबल पुरस्कार देने वाली संस्था की सबसे बड़ी भूल रही है, ना कि हमारे राष्ट्र पिता और विश्व को अहिंसा पथ दिखाने वाले बापू की। वैसे ही भागवत राय जैसे महान पहलवान को उचित स्थान और प्रचार ना मिलना उनकी कमी है? कदापि नहीं! ये तो समाज और इतिहासकारों की भूल रही है। इसके लिए वो दोषी हैं। नायक तो अपना काम कर देता है, गुणगान तो दूसरे ही करते हैं।

"सोना कब कहे लाख टका मोरा मोल"

इसी वजह से लाखों युवाओं को प्रेरणा से वंचित होना पड़ा है। ऐसे वीरों की गाथाएँ तो हमारी प्राथमिक, और माध्यमिक स्तर की स्कूल शिक्षा के पाठ्यक्रमों

में दी जानी चाहिए जिससे बच्चों को प्रेरणा मिल सके। काश! भविष्य में कोई बालक ऐसी प्रेरणा लेकर दुनिया के सामने एक नया अजूबा प्रस्तुत कर सके।

उस दिन सर्कस में कोई ज़्यादा भीड़ नहीं थी। शायद कुम्भ मेला समापन की कगार पर था। निश्चित रूप से वो अपने गुणों का बहुत ज़्यादा प्रदर्शन करने वाले व्यक्ति नहीं थे। मुझे उनके सर्कस में जाने से ये मिला कि उनकी कलाओं या करतबों में मात्र मनोरंजन या कमाई का उद्देश्य नहीं था, एक मौलिकता थी, एक भावना थी, कुछ कर गुजरने की ललक थी। ढिंढोरा पिटना और उसका प्रदर्शन उद्देश्य होता तो बहुत सारी तकनीकों का इस्तेमाल वो ज़रूर करते जोकि वो ऐसा नहीं करते थे। हालांकि भागवत राय को उस दिन मेरी उपस्थिति से बहुत खुशी हुई।

जब भागवत राय को इस बात का पता लगा कि एस. मजूमदार आप के ऊपर कुछ लिखना या अनुसंधान करना चाह रहे हैं, तो उसके लिए पहलवान साहेब ने एक विशेष शो रखा और उनको मुख्य अतिथि के रूप में आमंत्रित किया। इस पर मजूमदार जी ने कहा कि आप अपने विशेष आयोजन में बस जो विशिष्ट करतब है, उनको ही रखें, जो आपके सर्कस की पहचान हो, विशेषता हो। इस पर भागवत राय ने अपनी सहमति दी और बस अपने चार करतबों को दिखाने का निश्चय किया, जो उनकी या उस युग की विशेषता थी जो आजतक अनावर्त (जिसे दुहराया ना जा सके) हैं। यह निम्नलिखित हैं–

- **दो चलती हुई मोटर कारों को रोकना।**
- **हाथी को सीने पर चढ़ाना और उसी अवस्था में उपस्थित जनसमूह को संबोधित करना।**
- **सीने पर 80 मन यानी 3200 किलो के चट्टान को रखना और उसी अवस्था में उपस्थित जनसमूह को संबोधित करना।**
- **आधुनिक बारबेल से भारोत्तोलन और ओलम्पिक की तैयारी।**

इस पर निश्चित किया हुआ वो ऐतिहासिक क्षण समय चक्र के अनुसार आया और इतिहास में दर्ज़ हो गया। तय समय के अनुसार उनका आगमन हुआ। पहलवान साहेब की टोली के युवा पहलवानों ने उनका मित्र मंडल सहित पारम्परिक स्वागत किया। क्रमवार मुख्य आकर्षण के बिन्दुओं को वर्णित करते हैं–

1. सब कुछ व्यवस्थित होने पर सर्कस के घेरे में दो मोटर कारें आयी। दोनों विपरीत दिशा में खड़ी हुईं। फिर उनको मोटे रस्से में बांधा गया। आप कल्पना कर सकते हैं कि वो पल कितना रोमांचकारी होगा। सर्कस में नारे गूँज रहे होंगे। जैसे आम जन किसी को प्रोत्साहित करते हैं। दोनों गाड़ियों को रस्से से बाँधकर उनकी एक-एक भुजा से पकड़ लिया और ड्राइवर को बोला गया कि गाड़ियों को चालू करें। वैसा ही हुआ। गाड़ियाँ पूरे जोर से भी खींच नहीं पायीं।

यहाँ तर्क करने वाले प्रश्न खड़ा कर सकते हैं कि गाड़ी में चालक अपना होगा या मिट्टी को पोली कर दिया गया होगा। जैसा कि किसी स्टेज शो में करते हुए पाया जाता था। यहाँ एक वाकया ध्यान आता है जो उनके चाचा स्व. देवदत्त राय द्वारा बताया जाता था कि यही प्रश्न एक बार गाजीपुर जिले के अंग्रेज़ अधिकारी संभवतः कलेक्टर ने भी उठाया था और आशंका जाहिर की थी। उसने अपनी गाड़ी भी मुहैया करायी और खुद ड्राइवर की सीट पर बैठे थे। बताते हैं कि गाड़ी में धोखे से ट्रक का इंजिन फिट किया हुआ था। गाड़ी टस-से-मस नहीं हो पायी थी। उस घड़ी का एक दुर्लभ चित्र परिवार के पास उपलब्ध है, जो पाठकों की जिज्ञासा को शांत करने में सफल होगा।

(युवा भागवत राय द्वारा दो गाड़ियों को जकड़ के पकड़ना और गाड़ियों का टस-से-मस ना होना)

बताते हैं कि इसी घटना के बाद उसी कलेक्टर ने "Hanuman of His Time", "अपने समय के हनुमान" का उपनाम दिया।

2. पहलवान साहेब के कारनामों में दूसरे नम्बर पर आया एलिफेंट ऐक्ट जिसमें सर्कस के वृत्ताकार भाग में, जिसको स्टेज कह सकते हैं, एक बड़ा-सा हाथी लाया गया। इसके बाद भागवत राय रंग भूमि में आए जो हमेशा की तरह बिलकुल सादगी से सामान्य डिनर जैकेट पहने हुए थे। उसके बाद एक सामान्य कालीन पर पीठ के बल लेट गए। फिर उनके ऊपर एक सामान्य गद्दा रखा गया जो उनकी सादगी का परिचायक था। नहीं तो उस समय स्टेज ट्रिक में बहुत आकर्षक गद्दे प्रयोग में लाए जाते थे। गद्दे के ऊपर एक मोटी लकड़ी का चबूतरा था जिसने उनके गले से लेकर जांघों को ढंकते हुए घुटने तक को ढँक दिया। उस चबूतरे को अस्थायी रूप से चारों किनारों से लकड़ी के गुटकों से सपोर्ट किया गया जिससे हाथी जैसा जानवर चढ़ सके। इतना सब होने की घटना वर्णित करते उस घड़ी को महसूस करके अंदर से रोमांच की अनुभूति हो रही है। ऐसा लग रहा है जैसे उस दृश्य को मैं स्वयं देख रहा हूँ और आजतक ऐसा रोमांच कभी मैंने महसूस नहीं किया जैसा आज हो रहा है। आप कल्पना कर सकते हैं जो वास्तविक रूप से इन दुर्लभ क्षणों का साक्षी होगा वो कैसा महसूस कर रहा होगा, ख़ैर ये दीगर बातें हैं।

अब बारी आती है चबूतरे पर हाथी के चढ़ने की। हाथी को चढ़ाया गया। हाथी से पहलवान साहेब का ऐसा तालमेल था कि मानों दोनों एक दूसरे की बातें और इशारे समझते हों। हाथी के चढ़ने के बाद उन लकड़ी के टुकड़ों को हटा लिया गया और हाथी और लकड़ी का सारा भार भागवत राय के सिने पर आ गया। "यह था दुनिया का अजूबा"। अजूबा इसलिए कि इसके पहले ना ऐसा सुना गया ना देखा गया, इसके बाद भी आज तक।

इसके बाद भागवत राय ने मेरी (एस. मजूमदार) तरफ देखा और उनसे बोला कि अगर आप कहें तो मैं इसे आधे घंटे यानी 30 मिनट तक ऐसे ही हाथी को सीने पर रख सकता हूँ। यह इतना भयावह था कि मैं डर गया कि कहीं उनको कोई क्षति ना पहुँचे। लेकिन वो इंसान दैवीय शक्ति से युक्त थे।

इसके बाद उन्होंने वहाँ उपस्थित जन समूह को योग और प्राणायाम की शक्तियों के बारे बताना शुरू किया और इस शक्ति का स्रोत बताया। मैंनें

सन् 1929, युवा भागवत राय, हाथी को सीने पर चढ़ाए हुए।

उनके भाषण के विषय वस्तु पर इतना ध्यान नहीं दिया कि उन्होंने क्या बोला! मेरे ध्यान में मुख्य बिंदु ये था कि सीने पर हाथी चढ़ा है और आदमी बोल रहा था, ये था अद्‌भुत, अद्वितीय और अनावर्त। मैंने 5 और लोगों को उस जमाने में एलिफेंट ऐक्ट करते हुए देखा था जिसमें मैंने पाया कि आदमी या वो पहलवान सुसुप्ता अवस्था में पड़े हुए होते थे जैसे उनके आस पास क्या हो रहा है, कुछ का बोध नहीं होता था।

इनके पहले सभी पहलवान जैसे राम मूर्ति और बभनी आदि किसी भी तरह से थके, माँदे मैदान या स्टेज से चूर (Fully Exhausted) हालात में किसी भी तरह से उठकर चले जाते थे।

यहाँ मैं उनकी तुलना किसी से करना नहीं चाहूँगा क्योंकि ये उनके साथ नाइंसाफी होगी। किंतु फिर भी पहलवान राम मूर्ति के एलिफेंट ऐक्ट में ऐसा होता था कि एक तरफ से एक पालने जैसा लकड़ी का बना हुआ फट्टा होता था, जिसपर से हाथी शरीर के ऊपर इधर से चढ़कर उधर पार हो जाता था जो मुश्किल से कुछ सेकेंडों का काम होता था। इसको स्टेज ट्रिक कहा जा सकता है, किंतु दूसरी तरफ मैंने भागवत राय को बिलकुल अलग, सबसे अलग, पाया। उनके ऊपर हाथी के वजन का बहुत असर नहीं पड़ा। उनके लोगों ने सारा साजो सामान हटाने में कही ज़्यादा समय लगाया। इसके बावजूद हाथी के उतरने के बाद वो मैदान छोड़ कर बाकियों की तरह परदे के पीछे ना जाकर मेरे पास आकर बैठे जैसे कोई **"नया पुष्प खिला हो"**। ऐसे करतब के बाद आदमी की साँसें नहीं थमनी नहीं चाहिए थी, किंतु उनकी सांसों की गति में कोई परिवर्तन नहीं था।

वाकई वो एक भारतीय ऋषि और योग परम्परा के सिद्धांत (Theory) ही नहीं बल्कि साक्षात प्रयोग (Practical) भी थे। हीरा (Diamond) थे। बाकी सभी पहलवानों को पहलवान कहा जाता है। उनको इसीलिए "पहलवान साहेब" कहा जाता है।

3. इसके तुरंत बाद ही उनका अगला करतब प्रारम्भ हुआ, जिसमें वो एक बार पुनः ज़मीन पर लेट गये, वैसे ही उनके सीने पर गद्दा रखा गया, जैसे पहले रखा गया था। उसके बाद एक पुनः दिल दहला देने वाला करतब उन्होंने शुरू किया। जिसमें एक गोल पत्थर जो लगभग 80 मन का था, (1 मन= 40 किलो. होता है।) अतः उस पत्थर का वजन 3200 किलो. हुआ, उन्होंने उस भारी भरकम चट्टान को अपने सीने पर रखवाया, जिसको रखने के लिए कई लोग लगते थे। हाथी का वजन और हाथी चढ़ा हुआ देखने के बाद ये करतब मुझे उतना रोमांचित नहीं कर पाया यद्यपि ये भी एक अजूबा ही था। जिस पर पहलवान साहेब

ने कहा कि यहाँ टेंट में जितनी भारी चीजें हैं इस पर लाकर रख दिया जाये। सर्कस के टेंट में जितनी भारी चीजें थीं, उनके ऊपर रखी जाने लगीं। धीरे-धीरे दृश्य ऐसा हो गया, जैसे पिरामिड बन गया। किंतु यह पिरामिड या ममी नहीं था। यह एक जिंदा इंसान के ऊपर बना हुआ पिरामिड था। ऐसा जीवित मानव इतिहास में पहले कभी भी नहीं हुआ था, ना आगे भी हुआ। यह दृश्य बहुत भयानक था। फिर भी भागवत राय के ऊपर कोई असर नहीं हुआ और फिर उन्होंने उपस्थित लोगों को सम्बोधित करना शुरू कर दिया।

"यह दुनिया का एक और आश्चर्य था कि ऐसे में इंसान के कोमल फेफड़े फट कर बाहर आ जाने चाहिए थे, किंतु ऐसा नहीं हुआ। यह थी उनकी "प्राणायाम" की शक्ति की सिद्धि।"

4. बाद में उन्होंने बारबेल से भरोत्तोलन का करतब दिखाया। वो आधुनिक बार बेल (Barbell) से भरोत्तोलन करते थे और अंतर्राष्ट्रीय स्तर के भरोत्तोलन प्रतियोगिताओं में भाग लेने की तरफ अग्रसर थे। उन्होंने ओलम्पिक में भरोत्तोलन की तैयारी करनी शुरू कर दी थी। उन्होंने कभी भी अपने शक्ति का प्रदर्शन मनुष्यों की प्रतिद्वंद्विता में नहीं लगाई। इस लिए शुरू के दिनों के बाद पहलवानों से कुश्ती नहीं करते थे। जो लाज़मी और तार्किक भी प्रतीत होता है क्योंकि जो इंसान ऐसे ऐसे करतब करता हो, हाथी को सीने पर चढ़ाता हो, आदमी से क्यों लड़े? इसलिए उन्होंने अगला मुकाम भरोत्तोलन चुना और देश को ओलम्पिक पदक दिलाने का निश्चय कर लिया। मैं उनके निवास पर उपकरणों में एक आधुनिक बारबेल को देखकर आश्चर्यचकित रह गया। उन्होंने मुझे बताया कि वो अब वेट-लिफ्टिंग की तकनीकें सीख रहे थे। यहाँ आपको बता दें कि उस समय बारबेल भारत में नहीं बनते थे, आयात किए जाते थे। उन्होंने ब्रिटेन से आयात किया था जो काफी महँगा था। उन्होंने बारबेल ट्रेनिंग की कुछ पुस्तकें और साहित्य भी मँगाया था।

वैसे वो भारतीय कुश्ती के दंड और बैठक के शुद्ध उत्पाद थे। वो अपने आस्तीन के साँपों के शिकार हो गए और सर्कस की असफलता के बाद अपने सपनों को पूरा नहीं कर पाए, तथा देश को व्यक्तिगत ओलम्पिक स्वर्ण पदक

के लिए लम्बा इंतजार करना पड़ा अन्यथा आज परिस्थिति कुछ और होती। इस प्रकार भारतीय एथलेटिक्स मंच से एक अद्वितीय पहलवान और लाखों युवाओं के प्रेरणा स्रोत का लोप हो गया, जो परिवार तथा देश के लिए बहुत दुर्भाग्य पूर्ण रहा। इस पुस्तक के अंत में उनके अधूरे सपनों पर एक पूरा चैप्टर अधूरे सपने और देश को व्यक्तिगत ओलम्पिक पदक का लम्बा इंतजार प्रस्तुत है।

❑

अधूरे सपने और देश को व्यक्तिगत ओलम्पिक पदक का लम्बा इंतजार

सपने तो सपने होते हैं और सच्चे सपने आदमी को सोने नहीं देते हैं। उसको पूरा करने की लालसा मनुष्य को इस कदर बेचैन करती है कि उसका अनुमान दूसरा नहीं लगा सकता है। भागवत राय के ऊपर सर्कस को और बेहतर बनाने का जुनून इस कदर सवार था कि वो सर्कस केदार बाबू की ज़िम्मेदारी में छोड़कर, दक्षिण भारत में रशियन सर्कस की तरफ निकल गये। रूस विश्व में अपने सर्कस और उसके करतब के लिए मशहूर था। उन दिनों बैंगलोर में बहुत बड़ा सर्कस लगा हुआ था, जिसके चर्चे का असर ऐसा था कि भारत के हर कोने से लोग वहां आते थे और सर्कस में शायद ही कोई सीट खाली रहती थी। भागवत राय एक गरीब मज़दूर बनकर इस सर्कस के मैनेजर से मिलते हैं और उस रशियन मैनेजर को मना कर वहां उस सर्कस में आम मज़दूर की तरह काम करने लगते हैं। भागवत राय का उद्देश्य इस सर्कस की नयी तकनीक और करतब के नए कारनामों को सीखना था। भागवत राय मज़दूर बनकर भी शरीर से एक राजा ही दिखते थे इस कारण से कुछ फिरंगी कलाकार उससे बहुत जलते थे। तो वहीं इस सर्कस की एक रशियन डांसर भागवत राय को बेइंतहा पसंद करने लगी थी। भागवत राय हर दिन जी जान लगा कर सर्कस का सारा काम करते थे और देर रात सर्कस की सारी तकनीकों को अपनी डायरी में लिखते थे। एक रात उन्हें ऐसा करते हुए वह रशियन डांसर देख लेती है और समझ जाती है कि भागवत राय कोई मज़दूर नहीं। अब उस डांसर को भागवत राय से और भी ज़्यादा प्यार हो जाता है और एक दिन उसने भागवत राय से अपने प्यार का इजहार कर दिया। जिसपर भागवत राय ने उसे अपनी सारी सच्चाई बता दी, सारी बातें सुनने के बाद उस रशियन डांसर ने भागवत राय को गले लगाते हुए उनसे दोस्ती कर ली। अब वह भागवत राय को खुल कर सर्कस की सारी तकनीकें सीखने में

मदद करने लगी। इन दोनों की यह नज़दीकी मैनेजर को खटकने लगी। वहीं दूसरी तरफ मैनेजर केदार बाबू को यह सर्कस बंद होते दिखने लगा तो उसने बदला लेने का एक आसान तरीका निकाला। वह वहां के एक अंग्रेज़ी पुलिस वाले के साथ मिलकर सर्कस का सामान चोरी छुपे बेचने लगा। अपनी बेटी का बदला नहीं ले पाने की खुन्नस में केदार बाबू दिन-ब-दिन पूरे बेईमान होते गए। एक दिन अचानक भागवत राय लौट आते हैं और अपने सर्कस का इतना बुरा हाल देखकर बहुत दुखी होते हैं। समझ में तो उन्हें सब आ जाता है, पर अपने हौसले और नयी उमंग को उन्होंने केदार बाबू की रणनीति में उलझने नहीं दिया। केदार बाबू को भागवत राय ने एक और मौका दिया। अगले ही दिन से भागवत राय अपनी सर्कस की टोली को ट्रेनिंग देना शुरू कर देते हैं। दोगुना जोश और हुंकार से अब सर्कस का हर करतबबाज, कर्मचारी और यहाँ तक कि जानवर अपना बेहतरीन प्रदर्शन दिखाना शुरू कर देते हैं। इस बार सर्कस कानपुर में लगा था जहाँ अंग्रेज़ों की क्रूरता और बर्बरता में तड़पे लोगों के लिए तो इस सर्कस ने जैसे जान ही डाल दी। कमाई के मामले में भी अब पहले से कहीं ज़्यादा कमाई होने लगी थी। सर्कस के कई करतब में छायावादी ढंग से अंग्रेज़ों की खिलाफत थी तो पहलवानी में हिन्दुस्तान की वह ताकत जिसे अब हर हिन्दुस्तानी खुद में महसूस करने लगा था। उन दिनों अंग्रेज़ी हुकूमत से बगावत करने वाले युवा क्रांतिकारियों के लिए तो जैसे यह सर्कस एक नयी पाठशाला हो गयी थी। खासतौर पर ऐसे नौजवानों के लिए सर्कस में मंगल पांडेय के किरदार को एक करतब के माध्यम से दिखाया जाता था। महान क्रांतिकारी मंगल पांडे का चरित्र किसी से छुपा नहीं है।

सर्कस के इन्हीं करतबों को आधार बनाकर केदार बाबू वहां के एक फिरंगी अफसर को अपनी तरफ करने में सफल हो सके। केदार बाबू ने उस फिरंगी अफसर के साथ मिलकर बहुत ही खतरनाक षड्यंत्र रचा। कानपुर के बाद सर्कस को केदार बाबू ने जबलपुर, मध्य प्रदेश में लगवाया। तब यह शहर फिरंगियों से ज़्यादा डाकुओं के लिए बदनाम था, पर भागवत केदार बाबू की बातों में आ गये और उनके प्रस्ताव को स्वीकार कर लिया जो ताबूत में आख़िरी कील साबित हुआ और उनकी विनाश यात्रा की यहाँ शुरुआत हुई।

वैसे वहाँ जबलपुर (म. प्र.) में भी सर्कस लगते ही दूर-दूर से लोग आने लगे थे। हफ्ते भर में ही सर्कस और भागवत राय यहाँ काफी प्रसिद्ध हो गये। आखिर वो रात भी आयी जिसकी पूरी योजना केदार बाबू ने फिरंगियों और डाकुओं के

साथ मिलकर बनाई थी। सर्कस का दूसरा शो खत्म होते ही केदार बाबू के एक आदमी ने धोखे से भागवत राय के खाने में बेहोशी की दवा मिला दी। अब तीसरे शो से ठीक पहले सर्कस के पंडाल में जहाँ लोगों का आना ही शुरू हुआ था कि तभी डाकुओं की एक टोली ने हमला कर दिया। देखते ही देखते चारों तरफ अफरा-तफरी मच गयी। पीछे के रास्ते से फिरंगियों ने सर्कस में आग भी लगा दी। बहुत से जानवर जलकर मरने लगे तो बहुतों को फिरंगियों ने पीछे के रास्ते से अपनी गिरफ्त में ले लिया। लगभग पांच घंटे के भीतर पूरा सर्कस लुट चुका था और अब बारी थी, दूसरे लोगों की जिन्हे डाकुओं ने केदार बाबू के इशारे पर बड़ी बेरहमी से मारा। उनका प्रिय हाथी कहीं से बच निकल कर वहाँ आ गया क्योंकि हाथी बहुत होशियार और संवेदनशील जानवर होता है, उसको सर्कस में अपने क्रम का पता होता था। उनके प्रिय हाथी ने आकर उनको जगाने की कोशिश करने लगा तब भागवत राय अपने आधे-अधूरे होश में थे। होश में आने पर वह अपने जानवरों को बचाने में लग गए। जितने भी जानवर बचे थे उन्होंने उन्हें आज़ाद कर दिया, मगर अपने प्राणो से प्रिय हाथी को अपने पास ही रखा, क्योंकि वो भी थोड़ा जल चुका था। वो हाथी उनको सबसे प्रिय था, अपने से ज़्यादा वह उसको प्यार करते थे। भागवत राय की आँखों के सामने ही उनके कई जानवर जलकर मर गए। भागवत राय की आँखों से आंसू रुक ही नहीं रहे थे और वह अपनी उसी हालत में डाकुओं से लड़े और उन्हें खदेड़ने में कामयाब हो गए। पर देर बहुत हो चुकी थी, सर्कस पूरी तरह लुट चुका था...

पूरा पांडाल (सर्कस) जल चुका था। भागवत राय के सपनों का शहर बर्बाद हो चुका था। भागवत राय को जितनी तकलीफ सर्कस के बर्बाद होने की थी उससे कहीं ज़्यादा तकलीफ उन्हें अपने जानवरों के मरने और अपनों के धोखेबाजी और कूकृत्यों से थी। बुरा करने वालों ने पता नहीं किसका भला किया, किसको क्या मिला और क्या रह गया पर इन सब में खो गया वो कोहिनूर जिसकी ताकत और करतब के कारनामों ने ना जाने कितने क्रांतिकारियों को हिम्मत और हौसला दिया था। सन् 1935, भागवत राय के पतन का यह दौर महज़ भागवत राय का ही पतन नहीं था उत्तर भारत से तो जैसे पहलवानी ही छिन गयी थी।

विरासत में मिली ज़मीनदारी और अफरात धन दौलत भी भागवत राय का ध्यान सर्कस से नहीं हटा पा रही थी। अपने लोगों के धोखे के बाद सर्कस पूरी तरह बर्बाद हो चुका था, पूरे परिवार की संचित पूजी का विनाश हो गया और उनके

जीवन का लक्ष्य ही समाप्त हो चुका था। उनकी पूरी साधना एवं भावना से खिलवाड़ किया गया था। संत या महात्मा का जीवन जीने वाले इंसान को मधुमेह जैसी बीमारी ने जकड़ लिया। यह कितना दुर्भाग्य पूर्ण है कि जो व्यक्ति हाथी को अपने सीने के ऊपर चढ़ाता था, कितने अद्‌भुत कारनामे अपने नाम किया वह महज़ 40 वर्ष की आयु में ही बीमार और लाचार होकर अभिशप्त जीवन जीने को विवश हो गया। यहाँ यह सिद्ध होता है कि मनुष्य के मानसिक स्थिति का उसके स्वास्थ्य पर बहुत गहरे रूप से प्रभाव पड़ता है। मानसिक स्थिति बराबर नहीं होने से तनाव होता है जो अवसाद को जन्म देता है और अवसाद शरीर के अलग-अलग हार्मोंस को प्रभावित करता है। इससे यह सिद्ध होता है कि कई बार इंसान गलत लोगों के चक्कर में पड़कर अपना सर्वनाश कर लेता है। यहाँ एक बार पुनः मुझे दत्तात्रेय भगवान के गुरु याद आते हैं। हमारे शास्त्र इसीलिए हमें राह दिखाते हैं और कहते हैं कि-

बरु भल बास नरक कर ताता।
दुष्ट संग जानी देही विधाता।।

तुलसीदास कृत रामचरितमानस जो भारतीय संस्कृति एवं जीवन का आधार है कि ये पंक्तिया आज भी हमें राह दिखाती हैं। हमारे परम पूज्य गुरु स्वामी गिरीशानंद जी सरस्वती जो देश के प्रख्यात भागवत वेत्ता हैं और ब्रह्मलीन पूज्य स्वामी अखंडानंद जी महाराज की परम्परा के मुख्य उत्तराधिकारी हैं, कहते हैं कि नरक दुष्टों के साथ से अच्छा है। उसका आधुनिक उदाहरण देते हैं, जैसे जेल को नरक मान लेते हैं। कोई जेल में चला गया तो उसके पाप की सजा कटने/घटने लगती है और एक दिन वो सजा काट कर बाहर आ जाता है। वहीं, दूसरी तरफ दुष्ट के संग आप के पाप रोज बढ़ते हैं और बढ़ेंगे और जीवन कष्टकारी होगा। इसके कई प्रमाण हमारे शास्त्रों में मिलते हैं, जैसे महाभारत के भीष्म पितामह, आचार्य द्रोण और अन्य इसके उदाहरण हैं। जो दुर्योधन के पापों के रोज साक्षी बनते थे और खून का घूँट पीकर सहन करते थे और सबकुछ जानते हुए भी अधर्म के साथ खड़े रहे और अंत में उन्हें मृत्यु को गले लगाना पड़ा। वहीं, महामंत्री विदुर ने दुष्टों को त्याग दिया और कलंक एवं मृत्यु से बच गए। वो लोग ऐसी कलंकित मृत्यु से अच्छी और सम्मानजनक मृत्यु के हक़दार थे। ख़ैर! मृत्यु तो अच्छी और बुरी क्या? वो तो जीवन का अंतिम सच है। किंतु मृत्यु एक यक्ष प्रश्न भी है! जिसका वर्णन महाभारत में है। यक्ष ने युधिष्ठिर से पूछा कि दुनिया का सबसे बड़ा आश्चर्य क्या है? वहाँ युधिष्ठिर जो धर्मराज

थे, ने बताया कि वो है "मृत्यु"। ऐसा समाचार कोई भी सहज नहीं स्वीकारता। सनातन धर्म के षोड्श संस्कारों में अंतिम संस्कार है और जो जैसा किया होता है उसके पार्थिव शरीर को वैसा सम्मान दिया जाता है, किंतु अनादर किसी के पार्थिव शरीर के साथ नहीं होता।

ख़ैर नियति को यही मंजूर था, यद्यपि परिवार के अन्य लोगों ने साथ आकर भागवत राय को पूरा सहारा दिया, और तो और चाचा देवदत्त राय ने तो वापस से सर्कस में दुबारा पैसे लगाने की इच्छा जता कर उनको संबल दिया पर भागवत राय अब टूट चुके थे। उन्होंने अपने चाचा का धन्यवाद किया और साफ मना कर दिया, क्योंकि वो अब अपने परिवार का इससे ज़्यादा नुकसान नहीं करवाना चाहते थे। पत्नी ने भी एक सच्चे साथी की तरह इस मुश्किल घड़ी में भागवत राय का साथ दिया। सर्कस की विफलता से सबसे ज़्यादा सदमा तो देवदत्त राय को ही लगा था क्योंकि उन्होंने एक तरीके से अपने बड़े भाइयों से बगावत करके ही अपने प्रिय भतीजे एवं अपनी व्यावसायिक महत्वाकांक्षा के लिए सर्कस कंपनी का निर्माण करवाया था कि कहीं इस उद्योग के माध्यम से दूसरे उद्योगों में भी अपनी किस्मत आजमाई जा सके। उनके एक भाई मुख्तार साहेब (प्रख्यात वकील) अपने भाई देवदत्त राय के विरोधी हो गए। यहाँ तक कि भाइयों में काफी रंजिश भी चली और परिवार का दु:खद विघटन भी हुआ। चाचा देवदत्त राय और दोस्तों के हर दिन के प्रयास से भागवत राय फिर से अपने पहलवानी में रुचि लेने लगे। अपने गाँव में बच्चों के लिए कई अखाड़ों का भी निर्माण कराया। धीरे-धीरे भागवत राय की जिन्दगी पटरी पर लौट ही रही थी।

उधर द्वितीय विश्व युद्ध में ब्रिटेन पर लगातार दबाव था कि वह भारतीयों का समर्थन प्राप्त करने का प्रयास करे। अपने इसी उद्देश्य की पूर्ति के लिये उन्होंने स्टेफोर्ड क्रिप्स को मार्च 1942 में भारत भेजा। भारतीयों की मांग पूर्ण स्वराज थी, जबकि ब्रिटिश सरकार भारत को पूर्ण स्वराज नहीं देना चाहती थी। वह भारत की सुरक्षा अपने हाथों में ही रखना चाहती थी और साथ ही गवर्नर जनरल के वीटो के अधिकार को भी बनाए रखने के पक्ष में थी। भारतीय प्रतिनिधियों ने क्रिप्स मिशन के प्रस्ताव को खारिज कर दिया। क्रिप्स मिशन की असफलता के बाद 'भारतीय राष्ट्रीय कांग्रेस समिति' की बैठक 8 अगस्त, 1942 को बंबई में हुई। इसमें यह निर्णय लिया गया कि भारत अपनी सुरक्षा स्वयं करेगा और साम्राज्यवाद तथा फासीवाद का विरोध करता रहेगा।

इसके पश्चात् भारतीय राष्ट्रीय कांग्रेस "भारत छोड़ो आंदोलन" का प्रस्ताव

लाई जिसमें कहा गया कि स्वतंत्रता प्राप्ति के बाद भारत अपने सभी संसाधनों के साथ फासीवादी और साम्राज्यवादी ताकतों के विरुद्ध लड़ रहे देशों की ओर से युद्ध में शामिल हो जाएगा। इस प्रस्ताव में देश की स्वतंत्रता के लिये अहिंसा पर आधारित जन आंदोलन की शुरुआत को अनुमोदन प्रदान किया गया। "भारत छोड़ो आंदोलन" का प्रस्ताव पारित होने के बाद ग्वालिया टैंक मैदान, मुंबई में गांधीजी ने देश की जनता से कहा कि, "एक छोटा सा मंत्र है जो मैं आपको देता हूँ। इसे आप अपने हृदय में अंकित कर लें और अपनी हर सांस में उसे अभिव्यक्त करें। यह मंत्र है- "करो या मरो।" अपने इस प्रयास में हम या तो स्वतंत्रता प्राप्त करेंगे या फिर जान दे देंगे।" इस तरह भारत छोड़ो आंदोलन के दौरान 'अंग्रेज़ों भारत छोड़ो' एवं 'करो या मरो' भारतीयों का नारा बन गया। प्रमुख नेताओं के जेल चले जाने के बाद नेतृत्त्व के अभाव में लोगों के बीच से नेतृत्त्व उभरा। अरुणा आसफ अली ने 9 अगस्त, 1942 को ग्वालिया टैंक मैदान, मुंबई, जो हमारे मुंबई निवास हैदराबाद इस्टेट, मालाबार हिल से 1-2 किमी. दूरी पर स्थित है, जहाँ कभी-कभी सुबह की सैर करने तथा आज़ादी की लड़ाई को ताजा करने का अवसर मिलता है, में तिरंगा फहराकर आंदोलन को गति दी तो जयप्रकाश नारायण, राम मनोहर लोहिया, अच्युत पटवर्धन इत्यादि नेताओं ने भूमिगत रहकर आंदोलन को नेतृत्त्व प्रदान किया।

उषा मेहता ने अपने साथियों के साथ बंबई से कांग्रेस रेडियो का प्रसारण किया। ब्रिटिश सरकार द्वारा पूरे देश में गोलीबारी, लाठीचार्ज और गिरफ्तारियाँ की गई। ब्रिटिश सरकार की हिंसक कार्रवाई की प्रतिक्रिया में लोगों का गुस्सा भी हिंसक गतिविधियों में बदल गया था। लोगों ने सरकारी संपत्तियों पर हमला किया, रेलवे पटरियों को उखाड़ दिया, डाक व तार व्यवस्था को अस्त-व्यस्त कर दिया और वे सरकारी इमारतों पर तिरंगा फहराने लगे। बिहार के पटना में सचिवालय पर तिरंगा फहराने के दौरान सात युवा छात्र शहीद हो गए। अनेक स्थानों पर पुलिस और जनता के बीच हिंसक संघर्ष भी हुए। ब्रिटिश सरकार ने आंदोलन से संबंधित समाचारों को प्रकाशित करने पर रोक लगा दी। अनेक समाचार पत्रों ने इन प्रतिबंधों को मानने की बजाय अखबार बंद कर दिया। देश के कई भाग जैसे- बंगाल में तामलूक, महाराष्ट्र में सतारा, कर्नाटक में धारवाड़ और उड़ीसा में तलचर व बालासोर में लोगों द्वारा अस्थायी सरकार की स्थापना की गई। पहली अस्थायी सरकार बलिया में चित्तू पाण्डेय के नेतृत्त्व में बनी थी।

संयुक्त प्रांत (उत्तर प्रदेश) में चित्तू पांडेय ने बलिया में भारत छोड़ो आंदोलन में

एक महत्त्वपूर्ण भूमिका निभाई। चित्तू पांडेय ने 1942 में ब्रिटिश विरोधी आंदोलन में स्थानीय लोगों की फौज बनाकर अंग्रेज़ों को खदेड़ा था। बलिया के स्थानीय कांग्रेस नेता चित्तू पांडेय ने 1942 के भारत छोड़ो आंदोलन के दौरान 10 अगस्त, 1942 को बलिया में स्थापित अस्थाई सरकार का नेतृत्त्व किया था। चित्तू पांडेय की जागरूक की हुई बलिया की जनता ने जब अपना हक़ पहचान लिया तो शहर को ही अपना बनाने निकल पड़ी। बलिया जिले के हर प्रमुख स्थान पर प्रदर्शन व हड़तालें शुरू हो गई। तार काटने, रेल लाइन उखाड़ने, पुल तोड़ने, सड़क काटने, थानों और सरकारी दफ्तरों पर हमला करके उन पर राष्ट्रीय झंडा फहराने के काम में जनता जुट गई थी। पांच दिनों तक पूरे बलिया में यह सिलसिला जारी रहा। इतने में देशभर में आंदोलन हो रहे थे जो कि उग्र हो चले थे। छात्रों ने कॉलेज छोड़ दिए और सड़कों पर उतर आए। 14 अगस्त को वाराणसी कैंट से विश्व विद्यालय के छात्रों की एक ट्रेन जिसे आज़ाद ट्रेन का नाम दिया गया था, वह बलिया पहुंची। ट्रेन में भरे छात्रों के पहुंचने का नतीजा यह हुआ कि बलिया की जनता दोगुने जोश से उग्र आंदोलन करने लगी। अब जनता अपना हक़ लेने पर आमादा थी। अगले दिन 15 अगस्त को गाँव में एक गुप्त मंत्रणा हुई, उसमें यह तय हुआ कि 17 और 18 अगस्त तक तहसीलों तथा जिले के प्रमुख स्थानों पर कब्जा कर 19 अगस्त को बलिया पर हमला किया जाएगा। तय योजना के अनुसार, 17 अगस्त की सुबह टुटुवारी, रसड़ा, बैरिया, गड़वार, सिकंदरपुर, नगरा, आदि जगहों पर आंदोलनकारियों ने धावा बोल दिया। सब कुछ भीड़ के मनमुताबिक हो रहा था। लेकिन यहां एक बार फिर जयचंद द्वारा धोखा किया गया। बैरिया थाने पर जनता ने जब राष्ट्रीय झंडा फहराने की मांग की तो वहां का स्थानीय थानेदार राम सुंदर सिंह तुरंत तैयार हो गया। थानेदार ने ऐसा दिखावा किया कि जैसे वह खुद क्रांतिकारियों में शामिल है। लोगों ने इसके बाद उससे हथियार मांगे तो उसने अगले दिन देने की बात पर उलझा लिया। अगले दिन जब क्रांतिकारी एक जुट होकर थाने से हथियार लेने पहुंचे तो नेदार ने धोखा देकर करीब 19 स्वतंत्रता सेनानियों को मार डाला। गोली-बारूद खत्म हो जाने के बाद थानेदार ने अपने सिपाहियों के साथ आत्मसमर्पण कर दिया। बैरिया जैसा ही नृशंस कांड रसड़ा में भी हुआ। पुलिसिया जुल्म में बीस लोगों की जानें गई। इस तरह आंदोलनकारियों ने 18 अगस्त तक 15 थानों पर हमला करके आठ थानों को पूरी तरह जला दिया। 19 अगस्त को जनता जिला मुख्यालय बलिया पहुंची। यहां भारी भीड़ को आता देखकर, कलेक्टर घबरा गया। कलेक्टर ने 150 सत्याग्रहियों को रिहा कर दिया। 19 अगस्त को जिले में राष्ट्रीय सरकार का

विधिवत गठन किया गया जिसके प्रधान चित्तू पांडेय बनाए गए। जिले के सारे सरकारी संस्थानों पर राष्ट्रीय सरकार का पहरा बैठा दिया गया।

सारे सरकारी कर्मचारी पुलिस लाइन में बंद कर दिए गए। हनुमान गंज कोठी में राष्ट्रीय सरकार का मुख्यालय कायम किया गया। लोगों ने नई सरकार को खुले हाथों से दान किया, ताकि नई सरकार स्थापित होकर चल सके। चित्तू पांडेय अब नगर को नए सिरे से चलाने की योजनाएं बनाने लगे।

चित्तू पांडे के आदेश से हफ्तों बंद दुकानें खोल दी गई। 22 अगस्त को ढाई बजे रात में रेल गाड़ी से सेना की टुकड़ी नीदर सोल के नेतृत्त्व में बलिया पहुंची। नीदर सोल ने मिस्टर वॉकर को नया जिलाधिकारी नियुक्त किया। 23 अगस्त को 12 बजे दिन में नदी के रास्ते सेना की दूसरी टुकड़ी पटना से बलिया पहुंची। इसके बाद अंग्रेज़ों ने लोगों पर खूब कहर ढाये। आंदोलनकारियों को अदालत में पेश किया गया। उन्हें सात-सात साल की कैद और बीस-बीस बेंत की सजा दी गई। किसी को नंगा करके पीटा गया तो किसी को हाथी के पांव में बांध कर घसीटा गया। उन घरों को ध्वस्त किया गया जहां सत्याग्रही जुटते थे। अंग्रेज़ों ने अनेक गाँवों के सैकड़ों घर जलाए।

सरकारी कर्मचारी सुबह होते ही केरोसिन तेल लेकर गाँव को फूंकने के लिए निकल पड़ते थे। गाँवों पर सामूहिक जुर्माना लगाया गया। बलिया देश के उन थोड़े से स्थानों में था जहां अंग्रेज़ों ने सर्वाधिक जुल्म ढाये।

चित्तू पांडेय और उनके मुख्य साथीगण भूमिगत हो गए थे। इसके बाद उनको वहाँ से भागना पड़ा और उस समय उनको भागवत राय और टुटुवारी की याद आई, क्योंकि बाढ़ की वजह से ये गाँव उनके छुपने रहने खाने-पीने के लिए सबसे उपयुक्त था। चित्तु पांडे अपने मुख्य साथियों, जिसमें तीन स्वतन्त्रता सेनानी-स्व. लक्ष्मी शंकर राय, स्व शिवानंद राय और स्व कैलाशपति राय-जो इसी परिवार के थे, जिन्होंने देश की स्वतन्त्रता की लड़ाई में अमूल्य योगदान दिया, और सभी साथियों के साथ टुटुवारी रात को नाव से पहुंच कर वहाँ शरण ली थी। अंग्रेज़ों का खूफिया तंत्र इतना मजबूत था कि अगले ही दिन वही कुख्यात दरोगा रामसुंदर सिंह वहाँ पूरी टोली के साथ पहुँच गया। पहलवान साहेब सुबह अपनी योग और साधना के बाद अपने दरवाजे पर टहल रहे थे जो गाँव के बिलकुल पूर्व और उत्तर के किनारे पर है, जो लेखक की जन्मस्थली है। जहाँ जब बाढ़ आयी हो तो बैठने से लगता है कि किसी समुद्र तट पर बैठे हो।

(जिसको पुस्तक के कवर पृष्ठ पर दर्शाया गया है।) उस दरोगा ने उन्हें पहचान लिया और उनका हाल चाल लिया और फिल्मी असरानी के अंग्रेज़ों के जमाने के जेलर जो आज जन मानस में व्याप्त हैं, के अन्दाज में पूछा की यहाँ चित्तु पांडेय और उसके साथी छुपे हैं क्या? क्योंकि वो तो उनकी नज़रों में अपराधी थे और हमारी नज़रों में हीरो। पहलवान साहेब ने पहले उनकी खातिरदारी की और बड़े प्यार से समझा-बुझाकर बैरग वापस करने में सफल हुए और उन क्रांतिकारियों को बचाया तथा एक सच्चे देशभक्ति की मिसाल पेश की। यहाँ यह ज्ञात होता है कि वो बल के साथ बुद्धि कुशल भी थे। बल, बुद्धि और विद्या के साक्षात रूप थे। ऐसे महान विभूति को बार बार नमन है।

जाते-जाते क्रांतिकारी चित्तू पांडेय ने भागवत राय से बस इतना कहा कि एक बार वह आपका करतब देखने इलाहाबाद के सर्कस में आये थे, और उस दिन वह भागवत राय के करतब से इतना प्रभावित हुए कि, उस दिन के बाद हर दिन उन्होंने देश के लिए अपनी पूरी ताकत लगा दी। बताते हैं कि पहलवान साहेब की आँखों में आँसू आ गए थे। उन्होंने चित्तू पांडेय को हाथ जोड़कर विदा किया। बताते हैं कि उस रात भागवत राय सो नहीं पाये।

अगले साल 1943 में हमेशा की तरह गाँव में जबरदस्त बाढ़ आ गयी। गाँव के गरीब मज़दूर और किसानों का बहुत नुकसान हुआ। राय परिवार के हर एक सदस्य पीड़ितों की सहायता में आगे आया। इसी दौरान गाय के गुहाल से जानवरों को सुरक्षित निकालने में भागवत राय के दाहिने पैर में एक बड़ा सा कील धंस गया। उस वक्त उस कील को निकालकर जख़्म को भर दिया गया लेकिन इस घटना के 15 दिन बाद से ही भागवत राय का वह जख़्म नासूर होने लगा। गाँव के वैद्य गाँफा राय ने वाराणसी जाकर इलाज कराने को कहा। अब परिवार में भी यह एक चिंता का विषय था। भागवत राय को इलाज के लिए वाराणसी ले जाया गया, जहां इलाज तत्कालीन वैद्य श्री सत्यनारायण शास्त्री, जो बाद में प्रथम राष्ट्रपति डा० राजेंद्र प्रसाद के निजी चिकित्सक बने, ने उन्हें सेप्टिक से ग्रसित बताया। इलाज बस एक ही था कि भागवत राय का एक पैर काटना पड़ता, जिसपर भागवत राय ने सिरे से मना कर दिया। चाचा देवदत्त राय और दोस्तों के लाख समझाने पर भी भागवत राय ने अपना इरादा नहीं बदला। उसका साफ कहना था कि एक पहलवान मर तो सकता है लेकिन लाचार और अपाहिज होकर जिन्दगी नहीं जी सकता। सन् 1943 में भागवत राय पूरी तरह बिस्तर पकड़ चुके थे। हर दिन थोड़ा-थोड़ा अपनी अंतिम यात्रा की ओर अग्रसर

हो रहे थे। महज़ 44 साल की उम्र में ही उन्हें दिखना कम हो गया था। कोई भी अगर उनकी मदद करना चाहता तो वह भी उन्हें अच्छा नहीं लगता था। पूरी ज़िन्दगी अपने ताकत के दम पर जीने वाला इंसान अब असहाय महसूस करने लगा था। अब वह हमेशा के लिए अपनी आँखें बंद करने से पहले एक और बार जागना चाहते थे। उन्होंने अपनी अंतिम इच्छा जाहिर की। करीब हफ्ते भर बाद गाँव में एक सामूहिक कार्यक्रम का आयोजन किया, जहाँ हर जाति के लोग साथ आए। भागवत राय ने गाँव वालों और घरवालों का धन्यवाद किया। अपने देश को आज़ाद होता, ना देख पाने का दर्द बताया, देश के लिए ओलम्पिक पदक ना दिला पाने का गम और रेल इंजन न रोक पाने, जिसका वो अभ्यास गाजीपुर अफीम फैक्ट्री में करते थे, तथा जिले के लोगों को मुफ्त रेल यात्रा की सौगात नहीं दे पाने की कसक को लोगों के सामने रखते हुए अपनी असमर्थता जताई। उस रोज आए तमाम लोगों में आत्मशक्ति और ताकत की चिंगारी जला गये।

अगले दिन पूरा टुटुवारी गाँव, एक नयी रोशनी में जगा था पर भागवत राय सबको वह रोशनी देकर हमेशा के लिए अँधेरे में चले गये थे। भागवत राय पहलवान साहेब अब लोगों के जज़्बे और ज़िक्र में तो थे पर उनका वह विशालकाय शरीर अब हमेशा के लिए पंचतत्त्व में विलीन हो चुका था। देश की आज़ादी में हर हिन्दुस्तानी ने अपने-अपने तरीके से लड़ाई लड़ी, भागवत राय ने भी अपने करतब से उस वक्त हजारों हिंदुस्तानियों में हिम्मत दी, करतब दिया और देश के लिए लड़ने का जज़्बा दिया।

उत्तर भारत की यह वही धरती है जहाँ के शूरवीरों में ब्रिटिश हुकूमत के किले की नींव में पहला प्रहार करने वाले महान क्रांतिकारी मंगल पांडेय और चित्तू पांडेय ने जन्म लिया था। इसी कड़ी में एक और नाम जो इतिहासकारों ने छोड़ दिया, वह है प्रो. भागवत राय "An Inimitable Strong Man". आज भी बलिया जिले में भागवत राय को पहलवान साहेब के नाम से याद किया जाता है, पूजा जाता है। इसी क्रम में उनकी 121वीं जयंती पर परिवार ने उनके नाम पर गाँव में एक पुस्तकालय "स्व. प्रो भागवत राय स्मारक पुस्तकालय" की स्थापना करने का संकल्प लिया है। पूरे परिवार तथा गाँव के लोग उत्सुकता से कार्य कर रहे हैं, और उसको मूर्त रूप देने में जी-जान से लगे हैं। यह स्व. प्रो. भागवत राय "पहलवान साहेब" के लिए एक सच्ची श्रद्धांजली होगी।

❑

|| संदर्भ-ग्रंथ ||

1. तुलसीदास कृत रामचरितमानस
2. वाल्मीकि रामायण
3. मनुस्मृति
4. बर्नियर की भारत यात्रा - फ्रैंक्विस बर्नियर
5. भारत की खोज - पंडित जवाहर लाल नेहरू
6. आधुनिक भारत का इतिहास - विपिन चंद्र
7. सत्य के प्रयोग - महात्मा गांधी
8. पहला गिरमिटिया - गिरिराज किशोर
9. गोदान, कर्मभूमि - प्रेमचंद
10. बृहत् समांतर कोश - अरविन्द कुमार
11. ऋषि कुल दर्पण
12. Strong men over the years – S. Mazumdar